Homilías/Homilies

Reflexiones sobre las Lecturas Dominicales
Reflections on the Sunday Readings

Ciclo/Cycle A
Tomo/Book 1

Deacon Frank Enderle
Diácono Francisco Enderle

©2005 Susan and Frank Enderle
All rights reserved
Derechos reservados

ISBN: 978-0-9748747-2-2

Enderle Publishing

Índice

Introducción... 1

ADVIENTO
Primer Domingo 2
Segundo Domingo 4
Tercer Domingo...... 6
Cuarto Domingo 8

NAVIDAD
Sagrada Familia....... 10
Epifanía del Señor..... 12

TIEMPO ORDINARIO
Bautismo del Señor... 14
Segundo Domingo 16
Tercer Domingo 18
Cuarto Domingo 20
Quinto Domingo....... 22
Sexto Domingo........ 24
Séptimo Domingo..... 26
Octavo Domingo...... 28
Noveno Domingo 30

CUARESMA
Primer Domingo 32
Segundo Domingo ... .34
Tercer Domingo 36
Cuarto Domingo 38
Quinto Domingo 40
Domingo de Ramos 42

DOMINGOS DE PASCUA
Domingo de Pascua 44
Segundo Domingo ... .46
Tercer Domingo 48
Cuarto Domingo 50
Quinto Domingo 52
Sexto Domingo 54
Séptimo Domingo 56

SOLEMNIDADES DEL SEÑOR DURANTE EL TIEMPO ORDINARIO
Domingo de Pentecostés 58
Santísima Trinidad.... 60
Cuerpo y Sangre de Cristo 62

TIEMPO ORDINARO
Décimo Domingo 64
Undécimo Domingo 66
Duodécimo Domingo 68
Decimotercero Domingo 70
Decimocuarto Domingo 72
Decimoquinto Domingo 74
Decimosexto Domingo 76
Decimoséptimo Domingo 78
Decimoctavo Domingo....................80
Decimonoveno Domingo.................82
Vigésimo Domingo ... .84
Vigésimo Primer Domingo...............86
Vigésimo Segundo Domingo............88
Vigésimo Tercer Domingo 90
Vigésimo Cuarto Domingo...............92
Vigésimo Quinto Domingo 94
Vigésimo Sexto Domingo.................96
Vigésimo Séptimo Domingo 98
Vigésimo Octavo Domingo 100
Vigésimo Noveno Domingo 102
Trigésimo Domingo 104
Trigésimo Primer Domingo 106
Trigésimo Segundo Domingo........... 108
Trigésimo Tercero Domingo 110
Jesucristo, Rey del Universo............112

HOMILÍAS/HOMILIES

"El séptimo mandamiento prohíbe el robo, es decir, la usurpación del bien ajeno contra la voluntad razonable de su dueño. No hay robo si el consentimiento puede ser presumido...."
(Catecismo de la Iglesia Católica, 2408)

HOMILÍAS/HOMILIES es el título de una serie de libros publicados por Enderle Publishing. El contenido de la serie, incluyendo su título, es propiedad intelectual del autor y ha sido registrado con la U.S. Copyright Office. Usted tiene permiso para usar cualquier homilía publicada en este sitio de Web para su propia reflexión y meditación. Puede usarla, tal cual o en parte, para predicar. No tiene permiso para usarla para cualquier fin comercial o como parte de una obra literaria, sea para vender o no, sin el permiso expreso del titular de los derechos reservados.

Para mas información póngase en contacto con:
enderle@enderlebooks.com

Table of Contents

Introduction ... 1

ADVENT
First Sunday... 3
Second Sunday ... 5
Third Sunday . 7
Fourth Sunday ... 9

CHRISTMAS SEASON
Holy Family... 11
Epiphany ... 13

ORDINARY TIME
Baptism of the Lord.. 15
Second Sunday ... 17
Third Sunday ... 19
Fourth Sunday ... 21
Fifth Sunday.. 23
Sixth Sunday.. 25
Seventh Sunday ... 27
Eighth Sunday ... 29
Ninth Sunday. 31

LENT
First Sunday .. 33
Second Sunday ... 35
Third Sunday ... 37
Fourth Sunday ... 39
Fifth Sunday . 41
Palm Sunday.. 43

SUNDAYS OF EASTER SEASON
Easter Sunday ... 45
Second Sunday ... 47
Third Sunday ... 49
Fourth Sunday ... 51
Fifth Sunday . 53
Sixth Sunday . 55
Seventh Sunday ... 57

SOLEMNITIES OF THE LORD WITHIN ORDINARY TIME
Pentecost ... 59
Holy Trinity .. 61
Corpus Christi ... 63

ORDINARY TIME
Tenth Sunday ... 65
Eleventh Sunday... 67
Twelfth Sunday ... 69
Thirteenth Sunday ... 71
Fourteenth Sunday... 73
Fifteenth Sunday ... 75
Sixteenth Sunday... 77
Seventeenth Sunday ... 79
Eighteenth Sunday... 81
Nineteenth Sunday ... 83
Twentieth Sunday... 85
Twenty First Sunday . 87
Twenty Second Sunday ... 89
Twenty Third Sunday ... 91
Twenty Fourth Sunday ... 93
Twenty Fifth Sunday ... 95
Twenty Sixth Sunday ... 97
Twenty Seventh Sunday ... 99
Twenty Eighth Sunday ... 101
Twenty Ninth Sunday ... 103
Thirtieth Sunday... 105
Thirty First Sunday ... 107
Thirty Second Sunday ... 109
Thirty Third Sunday .. 111
Christ the King Sunday ... 113

HOMILÍAS/HOMILIES

"The seventh commandment forbids theft, that is, usurping another's property against the reasonable will of the owner. There is no theft if consent can be presumed... ."
(Catechism of the Catholic Church, 2408)

HOMILÍAS/HOMILIES is the title of a series of books published by Enderle Publishing. All material in each of the books, including the title is the intellectual property of the author and has been and has been registered with the US Copyright Office. You may use any of the homilies posted on this website for your own reflection and meditation. You may use them, in whole or in part, to preach. You may not use them for commercial gain or as part of any literary work, whether that literary work will be published for sale or not, unless you have the express permission of the copyright holder.

For information contact:enderle@enderlebooks.com

Homilías/Homilies
Reflexiones sobre las Lecturas Dominicales
Reflections on the Sunday Readings

INTRODUCTION/INTRODUCCION

El Diácono Enderle ha sido Director Ejecutivo del Diaconado Permanente en la Arquidiócesis de Washington, Asistente al Director de Liturgia de la Basílica del Santuario Nacional de la Inmaculada Concepción en Washington, DC, EE.UU y Director de Formación del Clero en la Diócesis de Sacramento. .

En el año 2000, Msgr. Frank Friedl y Diácono Ed Macauley le pidieron al Diácono Francisco Enderle, ex Director Ejecutivo del Diaconado Permanente de la Arquidiócesis de Washington, que escribiese homilías en Español para la página web, www.homiliesalive.com. En el 2002, el Diácono Enderle empezó a publicar en esta página traducciones al inglés de las homilías publicadas en español. En el Ano 2003, decidió publicar sus homilías en libros de pasta blanda.

Este libro contiene homilías en español, con sus traducciones al inglés, para la Misa Católica Romana en la Forma Ordinaria. Fue escrito para los diáconos y sacerdotes que prefieren leer las homilías en libro en vez de en el Internet. La diferencia entre este libro bilingüe y otros es que las homilías fueron escritas en español y traducidas al inglés y no al revés, como se suele hacer en otros libros. Esperamos que estos libros sean útiles tanto para los predicadores de habla Hispana como para los de habla Inglesa que tienen que predicar en español.

Deacon Enderle was the Executive Director for the Permanent Diaconate in the Archdiocese of Washington and, later, the Assistant Director for Liturgy at the Basilica of the National Shrine of the Immaculate Conception in Washington, DC.

In the year 2000, Msgr. Francis Friedl and Deacon Ed Macauley asked Deacon Frank Enderle, the former Executive Director of the Permanent Diaconate in the Archdiocese of Washington, to write homilies in Spanish for their webpage, www.homiliesalive.com. In 2002, Deacon Enderle started to publish the translations in English of his Spanish language homilies for the first time. In 2003, he decided to publish them in a soft cover book format.

This book contains Spanish homilies with English translations for the Sunday Roman Catholic Mass in the Ordinary Form. It is published specifically for deacons and priests who prefer to read the homilies in book format rather than on the Internet. The difference between this bilingual book and others is that these homilies were originally written in Spanish and translated into English, not vice-versa, as in other books. We hope that these books will be useful to native Spanish speakers who preach as well as to native English speakers who find they must preach in Spanish.

Primer Domingo de Adviento
Ciclo A

Lecturas: 1) Isaías 2,1-5 2) Romanos 13,11-14 3) Mateo 24, 37-44

En el Evangelio, San Mateo nos explica que Jesús les dijo a sus discípulos que debían estar preparados. Y esto también nos lo dice a nosotros: que estemos preparados porque a la hora que menos pensemos volverá. El Señor nos dice que en esos últimos tiempos ocurrirá lo mismo que en tiempos de Noé. Antes del diluvio la gente comía, bebía, en una palabra, vivían cada día. Pero cuando menos lo esperaban llegó el diluvio y se los llevó a todos, menos a Noé y su familia, que eran los únicos que seguían a Dios. El resto no estaban preparados, como hoy en día hay muchas personas que no lo están. Son como aquellas personas que se llevó el diluvio. Les importa muy poco lo que dice Dios.

Lo que nos dice Cristo es que si no estamos preparados, esperando esa venida que Él nos ha prometido, podrá ocurrir que haya dos personas juntas, incluso pueden ser personas que están muy unidas y que se quieren mucho, pero cuando venga ese final, si una de ellas está preparada y la otra no lo está, serán separadas drásticamente para siempre. Una irá al Cielo y la otra irá al Infierno. Jesús no dijo todo esto para atemorizar o meter en miedo a sus seguidores sino para advertirles que Él volverá una vez más y que cuando lo haga será en toda su gloria y hará que se cumpla la justicia.

Debemos meditar en lo que nos narra San Mateo en el Evangelio, procurando estar preparados, como nos lo pide el Señor. Y será bueno recordar que Jesús no hablaba solamente del Último Juicio. Debemos tener presente que algún día vamos a morir. La vida es frágil, como un jarrón de loza que se puede romper en cualquier momento. ¿Y quién puede saber cuándo ocurrirá esto? Absolutamente nadie. Pero sí tenemos la certeza de que no hemos nacido para estar en este mundo siempre. Un día todo se acabará y llegará nuestro juicio personal ante el Señor. Estemos alerta y bien preparados para poder salvarnos y librarnos del infierno, que aunque muchos creen que no existe, nosotros sí sabemos que existe. Cristo mismo nos lo dice. Y si alguno tiene dudas sobre esto, es que no ha leído la Biblia.

Para estar preparados, lo primero que debemos hacer, ahora, durante este Adviento, es una buena confesión, es dejar el pecado y limpiarnos de vicios desenfrenados. No esperemos a mañana para hacer lo que se debe hacer desde ahora, ya que solo disponemos del momento presente.

En la Segunda Lectura, San Pablo también nos aconseja que aprovechemos el tiempo presente, que dejemos las actividades de las tinieblas, que es el pecado, y que pasemos a la luz de una nueva vida en Cristo. Nuestra conversión debe ser sincera y positiva. Cristo ya vino al mundo una vez. Y tenemos la certeza de que vendrá una segunda y última vez. Un día vamos a ser juzgados, según nuestro comportamiento en esta vida que el Señor en su misericordia nos deja vivir. Por eso es tan importante vivir nuestra fe con intensidad. No vivamos una vida despreocupada como si Dios no existiera como hacía la gente en los tiempos de Noé. No pensemos que lo que ha dicho Cristo en el Evangelio no es para nosotros.

Recordemos lo que San Pablo dijo a los Romanos, y que también nos lo dice a nosotros, "Conduzcámonos como en pleno día, con dignidad, nada de comilonas, ni borracheras, nada de lujuria ni desenfreno, nada de riñas ni pendencias. Vestíos del Señor Jesucristo".

First Sunday of Advent
Cycle A

Readings: 1) Isaiah 2:1-5 2) Romans 13:11-14 3) Matthew 24:37-44

In the Gospel Reading, Saint Matthew explains that Jesus told his disciples that they should be prepared. And he also says this to us: we should be prepared because, when we least expect it, he will return. The Lord tells us that those end times will occur just as they did in Noah's time. Before the great flood people ate, drank, in a word, the lived their daily lives. But when they least expected it the deluge occurred and it took all of them, except for Noah and his family who were the only ones who followed God. The rest were not prepared, as today many people are not. They are like those people that the flood took. They don't care about what God says.

What Christ says is that if we are not prepared, waiting for that arrival that he promised, it could occur that there are two people together, they could even be people who are very close and who love each other, but when that day arrives, if one of them is prepared and the other is not, they will be abruptly separated forever. One will go to heaven and the other will go to hell. Jesus did not say this to frighten or to instill fear in his followers but to warn them that he will return one more time and that when he does it will be in all his glory and he will see to it that justice is done.

We should meditate on what Saint Matthew tells us in the Gospel Reading, trying to be prepared, as the Lord has asked us to be. And it would be good to remember that Jesus was not only talking about the Last Judgment. We should remember that some day we will die. Life is fragile, like a jar of clay that can break at any moment. Who knows when this will happen? Absolutely no one. But what we are sure of is that we have not been born to be in this world forever. One day everything will end and our personal judgment with the Lord will occur. Let us be alert and well prepared so that we can save ourselves from hell, which we know really does exist, even though many people believe it does not. Christ himself has told us. And if anyone doubts this, it is because they have not read the Bible.

To be prepared, the first thing that we should do, now, during this Advent Season, is to make a good confession, stop sinning and cleanse ourselves of our unbridled vices. Let us not wait until tomorrow to do what should be done beginning now, since we only have the present moment available to us.

In the Second Reading, Saint Paul also counsels us to take advantage of the present time, to leave behind the activities of darkness, in other words sin, and to move on to a new life in Christ. Our conversion should be sincere and positive. Christ came to the world only once. And we are sure that he will come again a second and last time. One day we will be judged, according to our behavior in this life, which the Lord in his mercy has given us to live. For that reason it is very important for us to live our faith intensely. Let us not live our lives in a haphazard fashion, as if God did not exist, as the people who lived in Noah's time did Let us not think that what Christ said in the Gospel Reading is not meant for us.

Remember what Saint Paul said to the Romans, and which he also says to us, "Let us conduct ourselves properly as in the day, not in orgies and drunkenness, not in promiscuity and licentiousness, not in rivalry and jealousy. Put on the Lord Jesus Christ".

Segundo Domingo de Adviento
Ciclo A

Lecturas: 1) Isaías 11,1-10 2) Romanos 15, 4-9 3) Mateo 3,1-12

En este Segundo Domingo de Adviento, el Evangelio nos habla sobre la vida heroica y santa de Juan Bautista. Este hombre, lleno de virtudes, primo de Nuestro Señor Jesucristo, vino al mundo con una misión que cumplir. Fue el más importante de los muchos profetas que prepararon el camino al Señor. En los tiempos de Juan también había gran necesidad de conversión. Debido a eso las predicaciones que usaba solían ser sinceras y valientes. Siempre pregonaba al Mesías, anteponiéndolo a todo. Se presentó en el desierto de Judea y gritaba, "Convertíos". Nuestra sociedad también tiene necesidad de conversión. Juan lo proclamaba a los de su tiempo. La Iglesia nos lo recalca a nosotros, a través de sus ministros y sus predicadores. Por esa razón es importante escuchar la Palabra con atención porque lo que dice también es para nosotros.

El Evangelio nos ha manifestado que una gran multitud se acercaba diariamente a escuchar las palabras de Juan. Venían de diferentes regiones: de Jerusalén, del Valle del Jordán, de Galilea y seguramente de más sitios. Juan tenía, para predicar la palabra de Dios, una valentía inimitable. Eso era lo que atraía tanta gente a su predicación. Muchos al oírle se convertían y se hacían bautizar, allí mismo en el Río Jordán, cambiando sus vidas drásticamente, dejando maldades y pecado.

También había otros, Fariseos y Saduceos, que al escuchar las palabras de Juan pedían ser bautizados pero no estaban allí para poner en práctica sus enseñanzas. Todo era falsedad. Lo que estaban tramando, entre ellos, era la muerte de Juan porque lo que predicaba era un obstáculo para ellos. Juan conocía los verdaderos sentimientos de esas personas. Por eso les llamó, "camada de víboras". Y les dijo, "Todo árbol que no da buen fruto es cortado y echado al fuego". Cuando predicaba Juan tenía por costumbre llamar a cada cosa por su nombre. A las personas que llevaban vidas hipócritas ó de pecado les decía lo que pensaba de ellos y les amonestaba a cambiar.

Las personas que llevamos en la Iglesia algún ministerio debemos imitar a Juan Bautista. Él no hacía su ministerio buscando honores personales. Todo lo hacía por Cristo y quitaba toda la atención que le querían dar a él. Proclamaba, a voz en grito, que él no era nada ante Cristo.

Si alguno siente ese afán desmesurado de llevar su ministerio simplemente para dejarse ver o para hacerse el importante, tratando de coger toda la atención para sí mismo, debe tener cuidado de no dejar a Dios en segundo término. Nuestro ministerio tiene que ser como el de Juan. Hay que dejar que el que brille sea Jesús. Si somos aptos para llevar un ministerio en la Iglesia, nuestra inteligencia nos debe enseñar que hay que desechar la hipocresía y los falsos valores, evangelizándonos primero a nosotros mismos con una conversión total y sincera, como pedía Juan a la comunidad de su tiempo.

Si no estamos predicando a Cristo, si con nuestra manera vamos falseando la verdad, ¿cómo construiremos una comunidad sincera, limpia y con anhelo de progreso? Solamente hay una manera. Cuando tenemos un ministerio debemos llevarlo dignamente a los ojos del Señor. Predicando, con el ejemplo, la verdadera palabra de Dios como hizo Juan. Nuestro anhelo debe ser que Cristo se manifieste en nosotros. Si pedimos ayuda a Dios aprenderemos a ser humildes y a dejar que Cristo sea el único protagonista.

Second Sunday of Advent
Cycle A

Readings: 1) Isaiah 11:1-10 2) Romans 15:4-9 3) Matthew 3:1-12

On this Second Sunday of Advent, the Gospel Reading talks to us about the heroic and holy life of John the Baptist. This virtuous man, a cousin of Our Lord Jesus Christ, came into the world with a mission to accomplish. He was the most important of the many prophets who prepared the way for the Lord. In John's time, there was also a great need for conversion. Because of this, the words that he used were sincere and valiant. He always proclaimed the Messiah, placing him before everything. He appeared in the desert of Judea crying out, "Repent." Our society also has a need for conversion. John proclaimed it to those in his time. The Church emphasizes this message to us through her ministers and her preachers. For this reason, it is important to hear the Word with attention because what is being said is also meant for us.

The Gospel Reading shows us how a great number of people gathered together daily to hear the words of John. They came from different regions: from Jerusalem, the valley of Jordan, Galilee and from other places. John had, in preaching the word of God, inimitable courage. That was the reason that he attracted so many people. Many, when they heard him, were converted and baptized, there and then, in the Jordan River, changing their lives drastically, leaving behind evil and sin.

There were also others, Pharisees and Sadducees, who upon hearing John's words asked to be baptized but they were not there to put into practice his teachings. Their actions were false. What they were plotting, among themselves, was the death of John because what he preached was an obstacle for them. John knew the true sentiments of these people. That is why he called them, "a nest of snakes." And he said to them, "Every tree that does not give good fruit is cut down and cast into the fire." When John, preached he would usually call things by their name. And to the people, who lived loves of hypocrisy or sin, he would say what he thought of them and he would warn them about changing.

We who have in the Church some ministry should imitate John the Baptist. He did not live out his ministry looking for personal honors. He did everything for Christ and he shunned the attention that others wanted to give to him. He proclaimed, in a loud voice, that he was nothing compared to Christ.

If someone feels the inordinate need to do his or her ministry simply so that they can be seen or to become more important, trying to draw attention to themselves, he or she should be careful not to leave God in the background. Our ministry has to be like John's. We have to allow Jesus to shine out. If we are competent enough to do our ministry in the Church, our intelligence will show us that we have to avoid hypocrisy and false values, evangelizing ourselves first, experiencing total and sincere conversion, as John asked the community of his times to experience.

If we are not preaching Christ, if through our way of life we falsify the truth, how can we construct a sincere and pure community that longs to progress? There is only one way. When we have a ministry we should do it properly in the eyes of God. Preaching, with our example, the true word of God as John did. Our wish should be that Christ should manifest himself in us. If we ask God's help we will learn to be humble and to let Christ be the center of attention.

Tercer Domingo de Adviento
Ciclo A

Lecturas: 1) Isaías 35,1-6a.10 2) Santiago 5, 7-10 3) Mateo 11, 2-11

Hace más de dos mil años, el Señor vino al mundo para salvar a la humanidad. Cada año en la Navidad conmemoramos esa venida. Adviento es tiempo de esperanza y de alegría. Precisamente hoy en la Misa, la Antífona de Entrada nos pide que estemos siempre alegres en el Señor. Y lo repite, "Estén alegres". Y es que un cristiano siempre debe demostrar su alegría. Y así lo hará, si recuerda a menudo que el Señor está siempre cerca de él. La máxima alegría para un cristiano será estar siempre lo más cerca posible de Dios. Y la mayor tristeza será cuando se aleja de Él. Habrá alguien que quizá se pregunte, "¿y que es estar cerca de Dios?" Estamos cerca de Dios cuando cumplimos sus mandatos y le seguimos con dignidad.

A pesar de lo que nos dice la Antífona de Entrada, comprobamos, con pesar, que en el mundo no hay mucha alegría. Sin embargo, los cristianos debemos demostrar siempre que somos esencialmente alegres, que nos alegramos con la alegría de Cristo y la paz que nos da. El mundo conseguirá esa misma paz y alegría si logra escapar de sí mismo. Lo conseguirá cuando mire hacia fuera y deje de codiciar las cosas materiales. La alegría que el mundo ofrece es pasajera y solamente nos decepcionará.

El Evangelio nos presenta la figura de Juan el Bautista, el profeta más grande de la Biblia y el último. Durante su vida y mientras predicaba en el desierto, esperaba al Mesías. Encontrándose en la cárcel, Juan había oído de las obras que estaba haciendo Jesús. Por eso mandó a preguntarle, por medio de dos de sus discípulos, "¿Eres tú el que ha de venir o tenemos que esperar a otro?" El pueblo judío llevaba siglos esperando ansiosamente al Mesías. Cuando leemos los cuatro Evangelios comprobamos que Jesús casi nunca respondía directamente a las preguntas. En este caso tampoco lo hizo. Les dijo a los discípulos, "decidle a Juan lo que estoy haciendo y lo que vosotros estáis viendo". Y a continuación dijo, "los ciegos ven y los inválidos andan", refiriéndose claramente a la profecía de Isaías, sobre el Mesías, que acabamos de escuchar en la Primera Lectura. Y añadió algo que Isaías no profetizó: "los muertos resucitan y a los pobres se les anuncia la Buena Noticia. ¡Y dichoso el que no se sienta defraudado por mí!" Con esas palabras, les está diciendo que Él es mucho más que el Mesías esperado. Él es Dios. Por eso puede "resucitar a los muertos". Pero también anuncia la Buena Noticia a los pobres, la noticia de la liberación de toda la humanidad de la esclavitud del pecado. "Dichosos serán" los que aceptan al Señor. Nunca se sentirán defraudados por Él.

Santiago, en la Segunda Lectura, nos pide que perseveremos siempre, esperando en el Señor, que ha prometido que vendrá otra vez a este mundo. Vendrá a juzgar. Por eso es esencial que mientras esperamos nos preparemos para su venida. Santiago nos pide que tengamos paciencia hasta nuestro último encuentro con Cristo, que nos mantengamos firmes porque "el Juez ya está a la puerta". Nunca sabremos cuando será el momento de encontrarnos cara a cara con Él. Por eso Santiago nos recomienda encarecidamente que seamos pacientes en cualquier situación de nuestra vida: para llevar el matrimonio, los hijos, la casa, el trabajo.

Él que no trata de perseverar en la fe y ser paciente alcanzará pocas cosas en esta vida. Nunca verá en ella la alegría que, como he dicho, debe tener un cristiano. La paciencia todo lo alcanza. Si la poseemos, mostraremos más amor y tolerancia hacia nosotros mismos y hacia los demás.

Third Sunday of Advent
Cycle A

Readings: 1) Isaiah 35:1-6a, 10 2) James 5:7-10 3) Matthew 11:2-11

More than 2,000 years ago, the Lord came to the world to save humanity. Each year on Christmas Day we commemorate this coming. Advent is a time of hope and joy. Precisely today in the Mass, the Entrance Antiphon asks us to always be joyful in the Lord. And request is repeated, "Be joyful." A Christian should always be joyful. And she or he will do that, if they remember often that the Lord is close to her or him. The greatest joy for a Christian is to always be as close as possible to God. And the greatest sadness would be when we are far from him. Some people will say, "And what does being close to God mean?" We are close to God when we obey his commandments and we follow them honorably.

In spite of what the Entrance Antiphon says we must admit, with a heavy heart, that the world is not a very happy place. Nevertheless, we Christians should always show that we are essentially joyful, that we are filled with Christ's joy and the peace that it gives us. The world will find that same peace and joy if it is able to escape itself. It will do this when it looks outside of itself and stops coveting material things. The joy that the world offers is passing and can only deceive us.

The Gospel Reading presents to us the figure of John the Baptist, the greatest prophet in the Bible and the last. During his life, and while he preached in the desert, he awaited the Messiah. While imprisoned, John had heard about the works that Jesus was performing. That is why he asked him, through two of his disciples, "Are you the one who is to come, or should we wait for another." The Jewish people had waited anxiously for centuries for the coming of the Messiah. When we read the four Gospels, we see that Jesus almost never responded directly to questions. In this case he did the same thing. He told his disciples, "Tell John what I am doing and what you see." And then he said, "The blind see and the lame walk," clearly referring to the prophecy of Isaiah, about the Messiah, that we just heard in the First Reading. And Jesus added something that Isaiah did not prophecy, "the dead are raised and the poor have the Good News announced to them. And blessed is the one who is not offended by me!" With these words, he is saying that he is much more than the awaited Messiah. He is God. That is why he is able to "raise the dead." But he also announces the Good News to the poor, the news of the liberation of humanity from the slavery of sin. "Blessed are they" who accept the Lord. He will never offend them.

Saint James, in the Second Reading, asks us to persevere always, awaiting the Lord, who has promised that he will come again to this world. And he will come to judge. For this reason it is essential that while we wait we prepare for his coming. Saint James asks us to be patient until our last encounter with Christ, to remain firm in our faith because, "the judge is at the door." We will never know when the moment of our face-to-face encounter with him will take place. For that reason, Saint James recommends to us passionately that we be patient in every situation of our lives: with our marriage, our children, our home, our work.

Whoever does not try to persevere in faith and be patient will reach few of his or her goals in this life. He or she will never see in life the joy, as I said that a Christian should have. We can all be patient. If we are, we will show more love and tolerance towards ourselves and towards others.

Cuarto Domingo de Adviento
Ciclo A
Lecturas: 1) Isaías 7,10-14 2) Romanos 1,1-7 3) Mateo 1,18-24

Ya hemos llegado al Cuarto y último Domingo de Adviento. Durante esta temporada que dejamos atrás nos hemos estado preparando para las fiestas navideñas que se aproximan. El Evangelio de hoy nos habla de la fe y el amor en la vida familiar que deben formar parte de esta preparación.

El Nuevo Testamento narra muy poco sobre la vida familiar de Nuestro Señor, Jesucristo. Pero, aunque poco, nos explica lo suficiente para ver en la Virgen María y en San José seres preparados por Dios para cumplir una gran misión. San Mateo, en el Evangelio de hoy, nos habla de María y José y los acontecimientos significativos que vivieron en sus primeros años de matrimonio. De esta forma San Mateo presenta dos naturalezas, la humana y la divina, de Jesús.

San Mateo dice que la Madre de Jesús estaba desposada con José, un hombre justo, descendiente del Rey David. Y antes de vivir juntos resultó que ella esperaba un hijo, por obra del Espíritu Santo. Este hecho, sin precedentes, lo explica diciendo que fue para que se cumpliera lo que había profetizado Isaías sobre el nacimiento de Cristo: "la virgen concebirá y dará a luz un hijo". Con estas palabras, las mismas que hemos escuchado en la Primera Lectura, San Mateo realza la creencia básica de la comunidad cristiana primitiva: que Jesús tenía una naturaleza humana y otra divina.

Las lecturas de hoy nos muestran la fe profunda que tenía la Virgen María. En aquellos tiempos, una mujer soltera que "esperaba un hijo" corría el riesgo de morir apedreada. María era consciente de lo que podía ocurrirle pero, a pesar de todo, su fe y su amor a Dios pudieron más que los prejuicios y el miedo. Y aceptó a ser la Madre de Dios. El Evangelio dice que José era un hombre bueno. En la mentalidad judía de aquella época eso quería decir que era un hombre que vivía conforme a los preceptos de la Ley de Moisés y que buscaba, en todo, hacer la voluntad de Dios. Cuesta creer que un hombre de esa naturaleza dudara de la virginidad de María. Sin embargo, antes de recibir el mensaje del ángel, que le comunicó que María esperaba un Hijo por obra del Espíritu Santo, San José había tomado la decisión de repudiarla en secreto, para no difamarla. La noticia que le dio el ángel le hizo conocer a José cual era su misión en esta situación milagrosa y única. Él era el hombre escogido por Dios para ser el protector de María y de Jesús. La Virgen y San José tenían la misma vocación y la misma misión. María, siendo Virgen, fue llamada a ser la Madre de Dios. San José fue llamado para ser el padre adoptivo del Hijo de Dios. Los dos tenían una misión: proteger la vida de su Hijo antes y después de su nacimiento. Por la fe y el amor que tenían a Dios tuvieron la valentía de dar el consentimiento a esta misión que les había sido encomendada.

Todos los cristianos hemos sido llamados a vivir nuestra vida como lo hicieron la Virgen María y San José: una vida santa, siguiendo a Cristo con dignidad, a pesar de los problemas que podremos encontrar a nuestro alrededor. Esta es nuestra misión. Y tenemos que cumplirla aunque sabemos que será con esfuerzo.

Pidamos a Dios, por mediación de Nuestra Madre Amantísima, que su Hijo, Jesucristo, Nuestro Salvador, nos dé la gracia necesaria para mantenernos firmes en la fe, siguiendo el camino recto que nos conduce hasta Él.

Fourth Sunday of Advent
Cycle A

Readings: 1) Isaiah 7:10-14 2) Romans 1:1-7 3) Matthew 1:18-24

We have now reached the Fourth and last Sunday of Advent. During this season that we are leaving behind, we have been preparing for the Christmas holidays that are approaching. The Gospel Reading today talks to us about the faith and love in family life that should be part of our preparation.

The New Testament narrates very little about the family life of Our Lord, Jesus Christ. But, even though it is not much, it explains enough for us to see that the Virgin Mary and Saint Joseph were people prepared by God to accomplish a great mission. Saint Matthew, in the Gospel Reading today, talks to us about Mary and Joseph and the most significant events that they lived during their first years of marriage. In this way, Saint Matthew presents to us the two natures, human and divine, of Jesus.

Saint Matthew says that the Mother of Jesus was engaged with Joseph, a just man, a descendant of King David. And before they lived together she was found to be awaiting a child through the Holy Spirit. This fact, without precedent, is explained by saying that it was so that the prophecy of Isaiah about the birth of Christ could take place, "the virgin will conceive and will give birth to a child." With these words, the same that we heard in the First Reading, Saint Matthew emphasizes the basic belief of the early Christian community: that Jesus had both a human nature and a divine one.

The Readings today show us the profound faith that the Virgin Mary had. In those times, a single woman who was, "with child," ran the risk of being stoned to death. Mary knew that this could occur but, in spite of this, her faith and her love of God overcame the prejudices and the fear. And she accepted her role as Mother of God. The Gospel reading says that Joseph was a good man. In the Jewish mentality of that time this meant that he was a man who lived in accordance with the precepts of the Law of Moses and that he always tried, in everything, to obey God's will. It is difficult to believe that a man like that could doubt the virginity of Mary. Nevertheless, before he received the message from the angel, who told him that Mary awaited a Son through the Holy Spirit, Saint Joseph had decided to divorce her quietly, so as not to shame her. The message of the angel made Joseph realize what his role was in this miraculous and unique situation. He was the man chosen by God to be the protector of Mary and Jesus. The Virgin and Saint Joseph had the same vocation and the same mission. Mary, though she was a virgin, was called to be the Mother of God. Saint Joseph was called to be the adoptive father of the Son of God. Both of them also had a mission: to protect the life of their Son before and after his birth. Because of the faith and love that they had in God, they courageously consented to the mission that had been given to them

All of us Christians have been called to live our lives as the Virgin Mary and Saint Joseph did: a holy life, following Christ worthily, in spite of the problems that we encounter around us. That is our mission. And we have to accomplish it even though we know it will be hard to do.

Let us ask God, through Our Most Beloved Mother, that her Son, Jesus Christ, Our Lord, will give us the grace we need to remain firm in the faith, following the straight road that will lead us to him.

La Sagrada Familia
Ciclo A

Lecturas: 1) Sirácides 3, 3-7. 14-17a 2) Colosenses 3,12-21 3) Mateo 2,13-15. 19-23

Jesucristo comenzó su tarea redentora desde el mismo instante de su nacimiento, aunque esto no fue evidente hasta que llegó el tiempo de su ministerio público. Su vida trascurrió en el seno de la familia sencilla en que nació y su presencia la santificó. Nuestros hogares cristianos deben imitar, lo más posible, al hogar de la Sagrada Familia. No somos perfectos. No es fácil llevar un hogar. Pero con la ayuda de Dios, y nuestro amor mutuo, podremos conseguir más armonía y amor en nuestro hogar.

Sabemos que hay hogares donde no hay fe, donde no hay amor a Dios. En esos hogares casi siempre hay desunión y crisis – y muy agudas en algunos de ellos. Hay matrimonios donde no existe ninguna clase de compromiso: ni a Dios, ni a la sociedad, ni a los miembros de la misma familia. Debido a eso muchos matrimonios se acaban rompiendo. Y a menudo, esposas o esposos, que poco antes eran cónyuges, rompen su matrimonio y celebran otro, formando otra familia. Pero aunque hay nuevo matrimonio siguen viviendo de la misma manera irresponsable y, al poco tiempo, surgen los mismos problemas y las mismas consecuencias. Y esto es porque solo piensan en ellos mismos y en llenar su propia vida al costo que sea. Así que ni son ellos felices ni pueden hacer feliz a nadie.

Todo Católico, al formar una familia, debe tener presente, ante todo y principalmente, que el matrimonio es un sacramento. Los cónyuges, al unirse, se complementan y reciben la gracia santificante. El cristiano, al formar un matrimonio, tiene que saber, y asimilar, que es hasta que la muerte los separe, en lo bueno y en lo malo. Formar una familia conlleva mucha responsabilidad con Dios y con la sociedad. Así que no se puede tomar a la ligera. Con los años vendrán los hijos que traen con ellos sus demandas como, por ejemplo, ser educados en la fe y en las buenas costumbres. Necesitarán no solamente cuidado y comida sino también amor y comprensión. Esto, aunque es difícil, se puede conseguir pidiendo a Dios por los hijos y por la familia, en general. Él los protegerá. La Virgen María puede sernos de gran ayuda. Si en el hogar hay fe, ella intercederá por nosotros, si se lo pedimos.

En la Segunda Lectura San Pablo exhorta a las familias de hoy que aprendan a compartir, a perdonar y a pasar por alto las pequeñas cosas. El matrimonio tienen que esforzarse para que, entre ellos, haya respeto y que ese respeto lo aprendan los hijos. Así podrán mostrarlo en un futuro cuando formen sus propios hogares. Si tenemos problemas pensemos que la Virgen María y San José también tuvieron dificultades en su hogar. El Evangelio nos dice que ellos se encontraban aún en Belén, con el Niño Jesús recién nacido, cuando un ángel habló a San José en sueños advirtiéndole del peligro que existía para el Niño. Inmediatamente se pusieron en camino con la noche y el día. No tenían ni hogar, ni trabajo, ni bienes. Y esto no lo hicieron como emigrantes normales, como se hace hoy en día. No se fueron buscando una vida mejor, como algunos dicen. El Niño estaba en peligro. Ellos obedecieron a Dios y confiaron en su misericordia divina.

Estamos viviendo las fiestas navideñas. Al comenzar el Año Nuevo muchos de nosotros hacemos propósitos. Uno de ellos puede ser seguir el ejemplo de Jesús, María y José, pidiéndoles que nos enseñen a llevar nuestro hogar dignamente y con entrega. Si lo hacemos así, encontraremos más paz, más comprensión, y más unión familiar.

The Holy Family
Cycle A

Readings: 1) Sirach 3:3-7. 14-17a 2) Colossians 3:12-21 3) Matthew 2:13-15. 19-23

Jesus Christ began his work of redemption from the moment of his birth, even though this was not evident until his public ministry began. His life took place in the heart of the simple family in which he lived and which was sanctified by his presence. Our Christian homes should imitate, as much as possible, the home of the Holy Family. We are not perfect. Nor is it easy to administer a home. But with God's help, and our mutual love, we can attain more harmony and love in our home.

We know that there are homes where there is no faith, where love of God does not exist. In these homes there is always disunion and crisis – and very great in some of them. There are married couples that are not committed: not to God, not to society, not to the members of the same family. Because of this many marriages are failing. And oftentimes wives and husbands, who a short time before had been married, break up their marriage and celebrate another, forming yet another family. But even though a new marriage exists they continue to live irresponsibly and, a short time afterwards, the same problems with the same consequences take place. And this is because they only think of themselves and in fulfilling their own lives, at whatever the cost. So they are not happy nor can they make anyone else happy

Every Catholic, when they form a family, should remember, before everything else and principally, that marriage is a sacrament. The married couple, when they unite, complements each other and receives sanctifying grace. The Christian, when a marriage takes place, has to know, and understand, that it is until death parts them, in good times and in bad times. Forming a family brings with it a great responsibility towards God and towards society. So it cannot be taken lightly. As years go by, children will come and bring with them new needs such as, for example, to be educated in the faith and in good manners. They will not only need care and food but also love and understanding. This, even though it is difficult, can only be obtained by praying to God for the children and the family, in general. He will protect them. The Virgin Mary is a great help to us. If in our home there is faith, she will intercede for us, if we ask her to do so.

In the Second Reading, Saint Paul exhorts today's families to learn to share, to pardon, to overcome the small things that happen. Married couples have to strive so that between them there is respect and so that it is passed on to the children. They will be able to show that same respect in the future when they form their own homes. If we have problems, let us think about the Virgin Mary and Saint Joseph, who also had problems in their home. The Gospel Reading tells us that they were in Bethlehem, where the Child Jesus had been born, when an angel talked to Saint Joseph in a dream and warned him that there was danger for the Child. They immediately started out on the road with nothing to their name. They did not have a home, work or material goods. Their situation was not like the normal situation of immigrants today. They did not set out seeking a better life for themselves, as some people say. The Child was in danger. They obeyed God and placed their faith in his divine mercy.

We are living out the Christmas holidays. And when we begin the New Year many of us will make resolutions. One of them could be to follow the example of Jesus, Mary and Joseph, asking them to show us how to administer our home with dignity and dedication. If we do this, we will find more peace, more understanding and more family unity.

La Epifanía del Señor
Ciclo A

Lecturas: 1) Isaías 60,1-6 2) Efesios 3, 2-3a. 5-6 3) Mateo 2,1-12

Este domingo estamos celebrando la Fiesta de la Epifanía del Señor. Este día, como muchos que nuestra Santa Madre, la Iglesia, celebra, es una fiesta mayor. Conmemoramos la manifestación de Jesucristo al mundo hace más de veinte siglos. La palabra *epifanía* viene del griego que significa manifestación ó revelación. En algunos países esta fiesta es conocida como el Día de los Reyes Magos ó de los Tres Reyes. Desdichadamente, este gran día está perdiendo su significado en algunos sitios. Afortunadamente, en otros los Reyes siguen siendo los que traen regalos a todos y a los niños dulces y juguetes. Epifanía es un bonito día para dar regalos teniendo en cuenta que los Reyes, cuando vinieron de Oriente, trajeron oro, incienso y mirra. Se arrodillaron ante el Niño Jesús, lo adoraron y, abriendo sus cofres, le presentaron sus regalos.

¿Cómo llegaron estos hombres poderosos desde tan lejos hasta la presencia de la Virgen María, San José y el Niño Dios? Estos hombres sabios se dedicaban a lo que hoy llamamos astrología. Estudiando los astros, intuyeron que algún acontecimiento importante estaba para ocurrir. Observando el firmamento, vieron una estrella grande que brillaba más que las otras y, como ya habían estudiado las profecías, emprendieron un viaje de cientos y cientos de kilómetros hacia Jerusalén, siguiendo la estrella y buscando al Rey de los judíos recién nacido. De esta forma, cumplieron lo que el Profeta Isaías había profetizado sobre el nacimiento del Señor y que hemos escuchado en la Primera Lectura.

La fiesta que estamos celebrando es grande para los católicos. Y lo es porque estamos celebrando la revelación del Redentor que vino a salvar a la humanidad. Ahora, reunidos aquí, estamos celebrando el regalo más grande que nos dejó Nuestro Señor Jesucristo: La Santa Misa. Hoy es un buen día para recordar que tenemos la obligación, como cristianos, de estar atentos a la manera que el Señor se nos manifiesta en la vida diaria. A los Reyes Magos los llamó por mediación de una estrella. A nosotros nos llama de muchas maneras. Habrá personas que no presten atención y desoigan la llamada. El motivo puede ser que están lejos de la fe ó tienen muy poca. Ignorar la llamada del Señor es una gran equivocación porque puede ocurrir que no se vuelva a manifestar.

En Belén nació el Niño Jesús en un establo entre los más pobres de los pobres. Cuando ocurrió este gran acontecimiento la ciudad estaba abarrotada de gente y en ella había mucho bullicio. Debido a eso, los habitantes de aquella localidad no pudieron enterarse que había nacido un Niño, y que ese Niño era muy especial. Tan especial que venía a salvar a toda la humanidad. Los que escuchan la llamada del Señor, como lo hicieron los Reyes Magos, reconocen el nacimiento del Hijo de Dios y ven en ese nacimiento la venida del Mesías anunciado, al que por más de dos mil años la humanidad sigue adorando. Escuchar a Dios cuando nos habla es vital. Él siempre nos trae cosas buenas. Los Reyes Magos de Oriente, por escuchar la llamada de Dios, fueron los primeros que tuvieron el privilegio especial de adorar al Niño Dios. Los ciudadanos de Belén, teniéndolo tan cerca, ni se percataron de su nacimiento.

Este domingo terminan las fiestas navideñas. Hace doce días celebramos el nacimiento de Jesús, que con su venida inició la salvación del mundo. En este año que acabamos de comenzar, busquemos hacer la voluntad de Dios en todo. Hagamos el propósito de dejar nuestros caprichos egoístas siguiendo la estrella de nuestra fe. Ella nos conducirá a la luz del Recién Nacido.

The Epiphany of the Lord
Cycle A

Readings: 1) Isaiah 60:1-6 2) Ephesians 3:2-3a, 5-6 3) Matthew 2:1-12

This Sunday we celebrate the Feast of the Epiphany of the Lord. This day, like many others that our Holy Mother, the Church, celebrates, is a major feast. We commemorate the revelation of Jesus Christ to the world more than twenty centuries ago. The word *epiphany* comes from the Greek and it means manifestation or revelation. In some countries this feast is also known as the Day of the Wise Kings or of the Three Kings. Unfortunately, this great day is losing its significance in some places. Fortunately, in others the Kings continue to be the ones who bring gifts to everyone and to children candies and toys. Epiphany is a beautiful day to give gifts if we take into consideration that the Kings, when they came from the East, brought gifts of gold, incense and myrrh. They knelt before the Child Jesus and they adored him and, opening their coffers, they presented their gifts.

How did these powerful men come from so far away to be in the presence of the Virgin Mary, Saint Joseph and the Child Jesus? These wise men were dedicated to what we today would call astrology. Studying the stars, they felt that a significant event was about to occur. Observing the firmament, they saw a great star that shined more than the others and, since they had already studied the prophecies, they set out on a journey of hundreds and hundreds of kilometers to Jerusalem, following the star and looking for the newborn King of the Jews. In this way, they accomplished what the prophet Isaiah had prophesied about the birth of the Lord and which we heard in the First Reading.

The feast that we are celebrating is great one for Catholics. This is because we are celebrating the revelation of the Redeemer that came to save humanity. Now, gathered here, we celebrate the greatest gift that Our Lord, Jesus Christ, left us: the Holy Mass. Today is a good day to remember that we have an obligation, as Christians, to be attentive to the way that the Lord reveals himself to us in our daily lives. The Wise Kings were called through the appearance of a star. We are also called in various ways. There will be people who do not pay attention or who refuse to listen to the call. This could be because they have distanced themselves from the faith or because they have little faith. Ignoring the call of the Lord is a great mistake because it could occur that he does not reveal himself to us again.

In Bethlehem, the Child Jesus was born in a stable among the poorest of the poor. When this great event occurred, the city was filled with people and there was much activity. Because of this, the inhabitants of that locality did not realize that the Child had been born or that this Child was very special. He was so special because he came to save humanity. Those who hear the call of the Lord, as the Wise Kings did, recognize the birth of the Son of God and they see in that birth the arrival of the Messiah who was prophesied, who humanity has continued to adore for more than two thousand years. The Wise Kings from the East, because they listened to the call of God, were the first ones who had the special privilege of adoring the Child God. The inhabitants of Bethlehem, as close as they were, did not realize that he had been born.

This Sunday the Christmas holidays end. Twelve days ago we celebrated the birth of Jesus who, with his coming, began the salvation of the world. During this year that has just started, let us try to do the will of God in everything. Let us make a resolution to leave behind our selfish whims following the star of our faith. It will lead us to the light of the New Born (Jesus).

El Bautismo del Señor
Ciclo A

Lecturas: 1) Isaías 42,1-4. 6-7 2) Hechos 10, 34-38 3) Mateo 3,13-17

El Evangelio nos dice que Jesús fue desde Galilea hasta el Río Jordán. El motivo era que quería ser bautizado por Juan. Sabemos que Nuestro Señor no necesitaba ser bautizado porque no fue concebido con el Pecado Original. Y, además, Él, en su vida terrena, nunca pecó. Quiso bautizarse primeramente para dar ejemplo a las personas reunidas alrededor de Juan que esperaban ser bautizadas. También Jesús cumplía con otras leyes judías aunque no tenía que hacerlo. Pero, por su naturaleza humana, quiso seguir las leyes de Moisés, al igual que lo hacían todos los judíos. Eran leyes que regían el pueblo que Dios había elegido para preparar la venida de su Hijo, el Mesías. Cuando el Señor fue bautizado, el Espíritu Santo bajó del cielo posándose sobre Él. Y se escuchó la voz de Dios Padre diciendo, "Este es mi Hijo, el amado, mi predilecto".

Los primeros cristianos fueron judíos que deseaban seguir al Mesías. Se hacían bautizar sabiendo que con el Bautismo recibían la gracia del Espíritu Santo y el don de la fe. Muchísimos cristianos conocen también la importancia que tiene el sacramento del Bautismo. Pero observamos a menudo que hay madres y padres de familia que no creen, como se debe creer, en este sacramento. En las iglesias vemos a niños y niñas que tienen muchos meses, y hasta muchos años, y aún no han sido bautizados. Estas familias deben saber que tienen la obligación de bautizar a sus hijos e hijas porque si no lo hacen estos no podrán beneficiarse de los frutos sobrenaturales que brotan de este sacramento.

En el bautismo recibimos nuestra misión profética. Y desde ese mismo instante entramos a formar parte de la Iglesia, la familia de Dios. El bautismo es el primer sacramento que recibe un cristiano. Y no podrá recibir ningún otro sin antes haber sido bautizado. Debido a eso, es tan importante recibir este sacramento. Reflexionemos sobre esto seriamente, especialmente las personas que tienen en sus familias algún miembro que aún no ha sido bautizado.

En la Segunda Lectura hemos escuchado las palabras que San Pedro dirigió a Cornelio, un Centurión Romano que era pagano y deseaba ser bautizado. En aquellos tiempos algunos miembros de la comunidad cristiana decían que no era lícito bautizar a los que no se habían convertido primeramente a la religión judía. Pedro, al ver la gran fe que tenía Cornelio, usó su autoridad como Vicario de Cristo en la tierra y dio una respuesta contundente a aquellas personas diciéndoles: "Está claro que Dios no hace distinciones: acepta al que lo teme y practica la justicia, sea de la nación que sea". Cuando terminó de decir esto Pedro bautizó a Cornelio. Al ser bautizado el Centurión Romano, el Espíritu Santo descendió sobre él y recibió la gracia divina quedando su alma purificada de todo pecado.

Cada miembro de la Iglesia ha sido llamado a la santidad. Al ser bautizados recibimos la gracia que necesitamos para vivir plenamente la vida espiritual. Pero para saber más sobre la vida espiritual necesitamos la ayuda de otros miembros de la comunidad cristiana para aprender más sobre nuestra fe. La responsabilidad de los padres no termina al bautizar a un miembro de la familia. Después del bautismo hay que enseñar al bautizado a vivir lo que la Iglesia enseña. Esta es una de las responsabilidades que adquieren los padres al bautizar a sus hijos. En el Bautismo prometen, ante Cristo, ser testigos de Él en sus propias familias. Quizás algunos no sepan lo que esto quiere decir. Y es que todo lo que hacemos deberá mostrar nuestra fe en Cristo. Veamos este sacramento tal y como es y demos gracias al Señor que por el bautismo nos purifica.

The Baptism of the Lord
Cycle A

Readings: 1) Isaiah 42:1-4, 6-7 2) Acts 10:34-38 3) Matthew 3:13-17

The Gospel Reading tells us that Jesus went from Galilee to the Jordan River. The reason for this was that he wanted to be baptized by John. We know that Our Lord did not need to be baptized because he was conceived without Original Sin. Furthermore, in his earthly life, he did not sin. He wanted to be baptized first of all to give the people who followed John, and waited to be baptized, an example. Jesus complied with other Jewish laws as well, even though he did not have to do so. But, because of his human nature, he wanted to follow the laws of Moses, just as all the other Jews did. They were laws that regulated the people that God had chosen to prepare for the coming of his Son, the Messiah. When the Lord was baptized, the Holy Spirit came down from heaven and descended upon him. And the voice of God the Father was heard saying, "This is my Son, my beloved, in whom I am pleased."

The first Christians were Jews who wanted to follow the Messiah. They were baptized knowing that through Baptism they received the grace of the Holy Spirit and the gift of faith. Many Christians today also know the importance that the sacrament of Baptism has. But we oftentimes observe that there are mothers and fathers who do not believe, as they should, in this sacrament. In churches, we see children who are many months, and even years, old who have not been baptized yet. These families should know that they have the obligation to baptize their children because if they are not baptized they will not be able to benefit from the supernatural gifts that spring from this sacrament.

In Baptism we receive our prophetic mission. And from that moment on we are part of the Church, the family of God. Baptism is the first sacrament that a Christian receives. And he or she will not be able to receive any other sacrament unless they have been baptized first. Because of this, receiving this sacrament is so very important. Let us reflect on this seriously, especially those people who have family members who have not been baptized.

In the Second Reading, we heard the words that Saint Peter directed towards Cornelius, a Roman Centurion, who was a pagan and wanted to be baptized. In those times, some of the members of the Christian community said that it was not licit to baptize those who had not converted and become members of the Jewish religion first. Peter, when he saw the great faith of Cornelius, used his authority as the Vicar of Christ on earth and he gave these people a firm answer, saying to them, "It is clear that God does not make distinctions: he accepts those who fear him and practice justice, without regard to the nation they come from." When Peter had said this, he baptized Cornelius. When he was baptized, the Holy Spirit descended on him and he received divine grace and his soul was cleansed of all sin.

Each member of the Church has been called to holiness. When we are baptized we receive the grace that we need to live fully a spiritual life. But in order for us to learn more about a spiritual life we need the help of other members of the Christian community to learn more about our faith. The responsibility of the parents does not end when a member of the family is baptized. After the baptism they have to teach the baptized person to live what the Church teaches. It is one of the responsibilities that parents take on when they baptize their children. They promise, before Christ, to be his witnesses in their own families. Maybe some people do not know what this means. Everything that we do should show our faith in Christ. Let us see this sacrament as it is and give thanks to the Lord that, through Baptism, we are cleansed.

Segundo Domingo del Tiempo Ordinario
Ciclo A
Lecturas: 1) Isaías 49, 3. 5-6 2) 1 Corintios 1,1-3 3) Juan 1, 29-34

Estamos en el Segundo Domingo del Tiempo Ordinario, tiempo en que la Iglesia nos invita a reflexionar sobre la vida de Nuestro Salvador, Jesucristo, que vino al mundo a traernos la salvación. Las lecturas de este domingo nos dicen que la salvación de la humanidad llegó mediante el Cordero de Dios que vino a sacrificarse para salvarnos.

Juan el Bautista fue el primer hombre que proclamó a Jesús como Cordero de Dios. Cuando vio al Mesías que venía hacía él, gritó en voz alta, "Este es el Cordero de Dios, que quita el pecado del mundo". Hasta el momento del Bautismo del Señor, Juan no sabía quién sería el enviado por Dios. El Evangelio del domingo pasado, el Domingo del Bautismo del Señor, nos decía que Jesús fue desde Galilea hasta el Río Jordán y, presentándose a Juan, le pidió ser bautizado. Después de ese bautizo, cuando el Señor salía del agua, el Espíritu de Dios, en forma de paloma, se posó sobre Él. Y una voz del cielo decía, "Este es mi Hijo Amado". Fue necesaria esta revelación para que Juan comprendiera que este era el Mesías envidado, el Cordero de Dios.

Juan vino a este mundo con una misión: allanar el camino a Cristo y pregonarlo. Y cuando lo reconoció, su misión fue dejar saber al mundo que el Mesías esperado había llegado y estaba entre nosotros. Estas palabras de Juan fueron de gran importancia para el Pueblo de Israel. Los judíos llevaban siglos esperando la venida del Mesías. El profeta Isaías lo había profetizado. Y Juan confirmó esa profecía con sus palabras. La esperanza del pueblo judío estaba centrada precisamente en la gloriosa llegada del Elegido de Dios que era el Mesías prometido.

Juan, con sus palabras, unió dos imágenes del Mesías: el Salvador que viene a liberar al pueblo judío de la esclavitud y el Siervo de Yahvé, el cordero expiatorio, que carga sobre sus hombros todos los pecados de la humanidad. Jesucristo es el Cordero de la Nueva Alianza sacrificado en la Cruz en el Calvario. Fue la víctima que murió por nuestros pecados. La muerte de Cristo nos reafirma lo que Juan dijo sobre Él: "Este es el Cordero de Dios, que quita el pecado del mundo". Jesús, muriendo por nosotros, destruyó la muerte y resucitando, restauró la vida.

La Iglesia proclama que Nuestro Señor es el único que tiene el poder de reconciliar a la humanidad con el Padre. En cada Santa Misa, Cristo ofrece al Padre el sacrificio perfecto de su vida. Y nosotros tenemos la gran dicha de presenciar este sacrificio, el mismo que el Señor ofreció en el Calvario. En este mundo no existe nada más grande que la Santa Misa. Comprobar que algunas personas la rechazan, diciendo que es aburrida y no van a ella, ni siquiera los domingos, nos entristece porque estas personas no saben lo que se están perdiendo. Ignoran que en cada Misa nos reencontramos con Cristo. En la Santa Misa recibimos la Sagrada Eucaristía, el Cordero de Dios que quita el pecado del mundo.

Hermanas y hermanos, nosotros, como Juan, también tenemos una misión que cumplir. Es dar testimonio con una vida ejemplar, con oración y entrega. Es proclamar en voz alta como lo hizo Juan que Cristo es el Cordero de Dios que vino a este mundo a redimirnos. El no solamente vino a salvarnos sino que permanece con nosotros constantemente en la Sagrada Eucaristía. Sigue ofreciéndonos la salvación. Es para nosotros decidir si la aceptamos ó no.

Second Sunday of Ordinary Time
Cycle A

Readings: 1) Isaiah 49:3, 5-6 2) 1 Corinthians 1:1-3 3) John 1:29-34

This is the Second Sunday of Ordinary Time, a time in which the Church invites us to reflect on the life or Our Lord, Jesus Christ, who came to the world to bring us salvation. The readings this Sunday tell us that the salvation of humanity took place because of the Lamb of God who came to sacrifice himself to save us.

John the Baptist was the first person to proclaim that Jesus was the Lamb of God. When he saw the Messiah who was approaching him, he cried out in a loud voice, "This is the Lamb of God, who takes away the sin of the world." Up until the moment of the Baptism of the Lord, John did not know the identity of the one sent by God. The Gospel Reading of last Sunday, the Sunday of the Baptism of the Lord, tells us that Jesus went from Galilee to the Jordan River, and coming up to John, he asked to be baptized. After that baptism, when the Lord came out of the water, the Spirit of God, in the form of a dove, rested him. And a voice was heard from heaven that said, "This is my Beloved Son." This revelation was necessary so that John would understand that this was the Messiah who was sent, the Lamb of God.

John came to this world with a mission: to make straight the way for Christ and to proclaim him. And when John recognized him, his mission was to make known to the world that the awaited Messiah had come and was among us. John's words were of great importance for the People of Israel. The Jews had been waiting for years for the Messiah to come. The prophet Isaiah had prophesied this. And John confirmed that prophecy with his words. The hope of the Jewish people was centered precisely on the glorious coming of the Chosen One of God, who was the promised Messiah.

John, with his words, united two images of the Messiah: the Savior who came to liberate the Jewish people from slavery and the Servant of Yahweh, the lamb of expiation, who carried on his shoulders the sins of humanity. Jesus Christ is the Lamb of the New Alliance sacrificed on the Cross on Calvary. He was the victim who died for our sins. The death of Christ reaffirms for us what John had said about Him: "This is the Lamb of God, who takes away the sin of the world." Jesus, in dying for us, destroyed death, and in rising, he restored our life.

The Church proclaims that Our Lord is the only one who has the power to reconcile humanity with the Father. In each Holy Mass, Christ offers to the Father the perfect sacrifice of his life. And we have the great good fortune to be present at this sacrifice, the same one that the Lord offered on Calvary. In this world nothing greater exists than the Holy Mass. To find out that some people reject it saying that it is boring and they do not go to Mass, even on Sundays, saddens us because these people do not know what they are losing. They ignore the fact that in each Mass we reencounter Christ. In the Holy Mass we receive the Most Holy Eucharist, the Lamb of God who takes away the sin of the world.

My sisters and brothers, we, like John, also have a mission to accomplish. It is to give testimony by an exemplary life, by prayer and self-giving. It is to proclaim in a loud voice, as John the Baptist did, that Christ is the Lamb of God who came to this world to redeem us. He not only came to save us but also to remain with us in the Holy Eucharist. He continues to offer us salvation. It is for us to decide if we accept it or not.

Tercer Domingo del Tiempo Ordinario
Ciclo A

Lecturas: 1) Isaías 8, 23b–9, 3 2) 1 Corintios 1,10-13.17 3) Mateo 4,12-23

En el Evangelio, San Mateo nos narra que al enterarse Jesús que habían arrestado a Juan Bautista se fue a Cafarnaúm y se estableció junto al Lago de Galilea. Llevamos tres domingos consecutivos en lo que la Iglesia llama Tiempo Ordinario. El Primer Domingo, el Evangelio nos relató cómo Juan bautizó a Cristo. El Segundo nos habló de los últimos días del ministerio de Juan y de las palabras que pronunció cuando vio a Jesús acercarse a él: "Este es el Cordero de Dios, que quita los pecados del mundo". Hoy, Tercer Domingo, el Evangelio nos dice que si queremos que nuestros pecados sean perdonados, tenemos que arrepentirnos.

Estamos viviendo tiempos de mucho pecado y maldad y lo peor de todo es que muchos no ven en sus muchos pecados, pecado. La Primera Lectura nos dice que el profeta Isaías habló a los judíos que se encontraban deportados en Babilonia. A pesar de estar desterrados en un país extranjero y sus vidas ensombrecidas y tristes porque vivían en esclavitud, a pesar de todo eso, estaban viviendo vidas desenfrenadas, en pecado, como viven hoy muchas personas. El profeta Isaías les exhorta a que se arrepientan siguiendo los mandamientos de Dios. Y les promete, que si así lo hacen, un día podrán volver a su tierra, de la que fueron despojados. Les promete que serán liberados y que esta liberación vendrá de Zabulón y Neftalí. Si se arrepienten, Dios volverá a ellos y los iluminará con la luz que el Mesías Salvador traerá con Él. San Mateo, en el Evangelio, nos dice que la profecía de Isaías se hizo realidad cuando Jesús comenzó su vida pública precisamente en la región de Zabulón y Neftalí como se había profetizado siglos antes. De esta manera quiso Nuestro Señor que se cumpliera todo lo que el profeta Isaías había dicho. La región de Galilea estaba habitada principalmente por paganos. Y fue allí donde Jesús predicó por primera vez proclamando lo que sería la base de su ministerio durante toda su vida terrena: "Convertíos, porque está cerca el reino de los cielos".

El Señor, no solamente comenzó su vida pública predicando sino que ya había decidido comenzar a formar su Iglesia y decidió hacerlo junto al Lago de Galilea. Pasaba por allí cuando vio a Simón Pedro y a su hermano, Andrés. Les dijo, "Seguidme". Los dos hermanos inmediatamente dejaron lo que estaban haciendo y le siguieron. Un poco más adelante vio a Santiago y su hermano Juan, que estaban con su padre, Zebedeo, arreglando las redes. Jesús les llamó y ellos no se demoraron. Dejaron todo lo que estaban haciendo, e incluso a su padre, y le siguieron. ¡Qué fuerza no tendrá el Señor cuando llama a alguien! Aunque lo hemos leído en el Evangelio, si no fuera por la fe, cuesta creer que estos hombres dejaran todo inmediatamente y le siguieran. Pero no creamos que lo hicieron sin recapacitar o, como dicen algunos, por ambición o porque querían dejar la rutina. Estos cuatro Apóstoles ya conocían a Jesús. Andrés fue uno de los seguidores de Juan Bautista. Estaba presente cuando Juan dijo que Jesús era "el Cordero de Dios". Así que nada más escuchar su llamada, respondieron prontamente y con generosidad.

El Señor hoy nos dice "Seguidme". Y quiere que lo hagamos con prontitud, como lo hicieron Pedro, Andrés, Santiago y Juan. Sería un lamentable error ignorar esa llamada con el pretexto de que la vida tiene obligaciones, como familia, trabajo. Todo esto ya lo sabe el Señor. Pero también sabe que tenemos la obligación de seguirle y que podemos compaginar todas esas cosas con su seguimiento. Cristo es la Luz del Mundo. Y nuestra vocación, como cristianos, es hacer que su luz brille en nosotros, en nuestra Iglesia y en todo el mundo.

Third Sunday of Ordinary Time
Cycle A

Readings: 1) Isaiah 8:23b-9:3 2) 1 Corinthians 1:10-13, 17 3) Matthew 4:12-23

In the Gospel Reading, Saint Matthew tells us that when Jesus found out that John the Baptist had been arrested, he went to Capernaum and he stopped on the shore of the Sea of Galilee. We have gone through three consecutive Sundays in what the Church calls Ordinary Time. On the First Sunday, the Gospel Reading told us about how John baptized Christ. On the Second, the Gospel talked to us about the last days of John's ministry and the words that he said when he saw Jesus approaching him: "This is the Lamb of God who takes away the sin of the world." Today, the Third Sunday, the Gospel Reading tells us that if we want to have our sins pardoned we have to repent.

We are living in sinful and evil times and the worst of all is that many people do not see in their many sins, sin. The First Reading tells us that the Prophet Isaiah spoke to the Jews who had been exiled to Babylon. In spite of their exile to a foreign country and that their lives had been overshadowed and saddened because they lived in slavery, in spite of all of that, they lived unchecked lives, in sin, as many people do today. The Prophet Isaiah exhorts them to repent, to follow the commandments of God. And he promises them that if they do that, one day they will be able to return to their land, which had been robbed from them. He promises them that they will be freed and that their liberation will come from Zebulon and Naphtali. If they repent, God will return to them and enlighten them with the light that the Messiah Savior will bring with him. Saint Matthew, in the Gospel Reading, tells us that the prophecy of Isaiah became reality when Jesus began his public life precisely in the region of Zebulon and Naphtali, as had been prophesied centuries before. In this way, Our Lord showed that he wanted everything that the Prophet Isaiah had said to come to pass. The region of Galilee was inhabited principally by pagans. And it was here that Jesus preached for the first time proclaiming what would be the basis for his ministry during all of his earthly life: "Repent, because the kingdom of heaven is at hand."

The Lord not only began his public life preaching, he had also decided to begin to form his Church and to do it on the shores of the Sea of Galilee. He was walking there when he saw Simon Peter and his brother, Andrew. He said, "Follow me." The two brothers immediately left what they were doing and followed him. A little further on he saw James and his brother, John, who were with their father, Zebedee, repairing their nets. Jesus called them and they followed him without looking back. They left everything that they were doing, even their father, and followed him. What strength must the Lord have in his voice when he calls someone! Even though we have read it in the Gospel Reading, if it were not for our faith, we would be hard pressed to believe that those men left everything and followed him. But let us not think that they did it without thinking about it or, as some say, because of ambition or because they wanted to leave their boring life behind. These four apostles already knew Jesus. Andrew was one of the followers of John the Baptist. He was present when John declared that Jesus was, "the Lamb of God." So when they heard his call they responded promptly and generously.

Today the Lord says to us, "Follow me." And he wants us to do so promptly, as Peter, Andrew, James and John did. It would be a lamentable error if we ignored that call because we have obligations such as family or work. The Lord already knows that. But he also knows that we have an obligation to follow him and that we can do all of those thing and also follow Christ, the Light of the World. Our vocation, as Christians, is to make his light shine in us, in our Church and in the world.

Cuarto Domingo del Tiempo Ordinario
Ciclo A

Lecturas: 1) Sofonías 2, 3; 3,12-13 2) 1 Corintios 1, 26-31 3) Mateo 5,1-12a

Durante este año litúrgico estamos escuchando el Evangelio según San Mateo. Su manera de escribir nos muestra a un hombre con cultura y gran interés en la religión y las costumbres judías, por lo que pensamos que la comunidad cristiana para la que escribía estaba compuesta mayoritariamente de cristianos -judíos. Su manera de relatar la vida de Jesucristo es fácilmente reconocida y recordada por los miembros de su comunidad.

El domingo pasado, San Mateo nos habló sobre cómo Jesús fue escogiendo los que serían sus primeros discípulos con los que iba a comenzar su Iglesia. Llamó a Andrés, Pedro, Santiago y Juan. Lo hizo con una sola palabra: "Seguidme". Después de eso comenzó su ministerio público, recorriendo los pueblos y aldeas de Galilea. En ellos curaba enfermos, predicaba y también enseñaba en las sinagogas. Comenzó a seguirle mucha gente con ansias de oír su palabra. En aquel tiempo, al ver Jesús el gentío, subió a la montaña, se sentó y comenzó a hablar a sus discípulos, enseñándoles.

En las Bienaventuranzas, que hemos escuchado en el Evangelio, Jesús empieza proclamando la Buena Nueva del Reino de Dios. Las palabras que usa son semejantes a las del Salmo Responsorial de hoy. En las tres primeras Bienaventuranzas habla de "los pobres en el espíritu", "los sufridos", "los que lloran". Cuando Jesús habla de los "pobres en el espíritu", dice que no importa a qué clase social pertenecemos, ni si somos pobres o ricos, lo verdaderamente importante es que tengamos espíritu de pobreza, confiando en Dios y recordando que todo lo recibimos de Él.

En las cuatro siguientes, el Señor dice que el que ama a Dios y tiene confianza en Él, promoverá la paz y la justicia. Ese amor a Dios le hará unirse con el hermano. Y no podrá rechazarlo ni marginarlo. Si estamos más juntos a nuestro prójimo, caminaremos con más rectitud, nuestras conciencias serán más limpias. Recordemos que Cristo nos ha dicho que un día los limpios de corazón sentirán el gozo de participar de la gloria eterna.

En las dos siguientes, Jesús advierte a los que están decididos a seguirle que puede ocurrir que por su amor sean perseguidos, insultados y calumniados. Pero también dice, "Dichosos los perseguidos por causa de la justicia porque de ellos es el reino de los cielos. Dichosos vosotros cuando os insulten... porque vuestra recompensa será grande en el cielo".

En el Evangelio de hoy, Jesús nos pide que seamos pobres de espíritu, que aprendamos a desprendernos de lo innecesario, que luchemos por la justicia y la paz y que caminemos, en su amor, con corazón puro y limpio. Las Bienaventuranzas no son mandamientos. Son consejos que el Señor nos da y que debemos seguir para ser buenos cristianos. Seguir estas bienaventuranzas nos enseña a comportarnos con más dignidad con nuestro prójimo. Ellas nos dicen que la verdadera felicidad solamente puede venir de Dios.

Recordemos que el Evangelio y también el Responsorial del Salmo dicen "Dichosos los pobres en el espíritu porque de ellos es el reino de los cielos". Esta humanidad nunca podrá alcanzar la paz ni la dicha del Reino de los Cielos si no decide practicar las bienaventuranzas.

Fourth Sunday of Ordinary Time
Cycle A

Readings: 1) Zephaniah 2:3, 3:12-13 2)1 Corinthians 1:26-31 3) Matthew 5:1-12a

During this liturgical year we are listening to the Gospel according to Saint Matthew. His way of writing shows us that he was an educated man with great interest in religion and Jewish practices; this makes us think that the Christian community for which he wrote was composed mainly of Jewish-Christians. His way of recounting the life of Jesus Christ is easily recognized and remembered by the members of the community.

Last Sunday, Saint Matthew talked to us about how Jesus chose the men who would be his first disciples with whom he would begin his Church. He called Andrew, Peter, James and John. He did it with one phrase: "Follow me." Then he began his public ministry traveling among the towns and villages of Galilee. In them he cured the sick, he preached and he also taught in the synagogues. Many people began to follow him, anxious to hear his word. At that time, when Jesus saw the people, he went up to a mountain and began to talk to his disciples, teaching them.

In the Beatitudes, which we heard in the Gospel Reading, Jesus begins to proclaim the Good News of the Kingdom of God. The words that he used are similar to the ones in the Responsorial Psalm today. In the three first Beatitudes he talks about "the poor in spirit," "the suffering," "those who weep." When Jesus spoke about the "poor in spirit," he says that it does not matter which social class we belong to, if we are poor or rich, what is truly important is that we have the spirit of the poor, that we trust in the Lord and that we remember that everything we have comes from him.

In the four next ones, the Lord said that whoever loves God and has confidence in him, will promote peace and justice. That love of God will make him support his brother. And he will not be able to reject him or discriminate against him. If we are closer to our neighbor, we will walk a straighter path, our consciences will be clearer. Let us remember that Christ has said that one day those who are pure of heart will feel the joy of participating in the eternal glory.

In the next two, Jesus warns those who have decided to follow him that it could be that, because of their love for him, they may be persecuted, insulted and slandered. But he also says, "Blessed are those who are persecuted for the cause of justice because theirs is the kingdom of heaven. Blessed are you when they insult you... because your reward will be great in heaven."

In the Gospel Reading today, Jesus asks us to be poor in spirit, to learn to do without unnecessary things, to fight for justice and peace and walk, in his love, with a pure and clean heart. The Beatitudes are not commandments. They are advice that the Lord gives us and that we should follow in if we want to be good Christians. These Beatitudes shows us to behave with more respect towards our neighbor. They tell us that true happiness can only come from God.

Let us remember that the Gospel Reading and the Responsorial Psalm say, "Blessed are the poor in spirit because theirs is the kingdom of heaven." Humanity will never reach the peace and the bliss of the Kingdom of Heaven if it does not decide to practice what the Beatitudes say.

Quinto Domingo del Tiempo Ordinario
Ciclo A

Lecturas: 1) Isaías 58, 7-10 2)1 Corintios 2,1-5 3) Mateo 5,13-16

Hemos escuchado en el Evangelio que Jesús dijo a sus discípulos, "vosotros sois la sal de la tierra". Los discípulos entendieron perfectamente lo que el Maestro les quería decir y lo que les estaba pidiendo. Lo que les estaba pidiendo era que fueran por el mundo a evangelizar y que lo hicieran sin desvirtuar sus enseñanzas y sin cambiarlas, dejando constancia de Él. Decir que así lo entendieron, es porque al morir Nuestro Señor en la cruz y al encontrarse solos, los discípulos acostumbrados, como estaban, a estar todo el tiempo con su Maestro, a veces sintieron miedo. Pero supieron vencerlo con dignidad. Y, por ese amor a Cristo, entregaron hasta sus propias vidas.

El Evangelio también nos pide a nosotros que seamos la sal de la tierra. Tendremos que llevar la Palabra de Dios al mundo con honestidad, sin desvirtuarla, sin cambiarla, enseñando, con nuestras buenas obras, que estamos siguiendo fielmente el ejemplo de nuestros antepasados espirituales, los primeros discípulos de Cristo.

Cuando Jesús nos pide que seamos la luz del mundo, nos pide también que dejemos brillar nuestra fe, que no la escondamos, avergonzándonos de ella. Pero, ¿cómo puede alguien mostrar su luz, llegando tarde a la Santa Misa y saliendo los primeros y con prisa, como vemos que algunos lo hacen? Las personas que actúan así, no pueden dejar brillar la luz de su fe. Lo único que demuestran es que sus vidas espirituales siguen completamente en la oscuridad ya que ni siquiera pueden dar a Dios una hora a la semana, como Él nos lo pide y que, como cristianos, tenemos obligación.

Además de oír la Misa Dominical completa, y la Misa de Días de Precepto, los cristianos tenemos muchísimas más obligaciones, como confesarnos frecuentemente, recibir el Cuerpo y la Sangre de Cristo para fortalecer nuestro espíritu y amar más al prójimo, poniéndonos a su servicio. Porque de nada sirve decir que seguimos las enseñanzas de Cristo si no lo demostramos con obras. Nuestra fe no puede reducirse simplemente a unas prácticas piadosas. Si ayudamos a nuestro prójimo demostramos que de verdad amamos y seguimos a Dios. Si alguien ve a un hermano necesitado y no le presta ayuda, no está imitando a los Apóstoles, ni está siguiendo lo que Cristo nos pide hoy en el Evangelio. Nuestros antepasados, los primeros discípulos de Cristo, dejaron constancia de que se ayudaban los unos a los otros, compartiendo lo poco o lo mucho que tenían.

Las enseñanzas de Cristo están basadas, ante todo, en el amor a Dios. Y, por ese amor, nos ponemos al servicio del hermano. El profeta Isaías en la Primera Lectura nos exhorta a que tratemos de mostrar nuestro amor a Dios, amando al prójimo, con autenticidad y sin alardes. Un cristiano que maltrata a su prójimo ó ignora sus necesidades, está mostrando con su comportamiento que no es un buen discípulo de Cristo. El profeta Isaías, con sus palabras, nos enseña que el que se compromete a seguir la caridad con el prójimo es el que no deja que la sal de su fe se desvirtúe. Ese es el que está dejando irradiar la luz de Dios al mundo. Si ponemos en práctica las enseñanzas de la Primera Lectura, iremos proclamando el Evangelio con nuestras obras a través de la caridad.

Pidamos a la Santísima Virgen que nos enseñe a dejar brillar nuestra luz en medio de este mundo que necesita claridad, que nos enseñe a compartir no solamente el pan con el necesitado, sino también nuestro afecto, nuestra solidaridad y nuestra entrega total.

Fifth Sunday of Ordinary Time
Cycle A

Readings: 1) Isaiah 58:7-10 2) 1 Corinthians 2:1-5 3) Matthew 5:13-16

We heard in the Gospel Reading that Jesus said to his disciples, "you are the salt of the earth." The disciples understood perfectly well what the Master was saying to them and what he was asking. What he was asking was for them to go out into the world to evangelize and that they should do it without watering down his teachings and without changing them, in witness of him. They obviously understood because when Our Lord died on the Cross and they were without him, accustomed as they were to being with their Master all the time, at times they were afraid. But they knew how to overcome it with dignity. And, because of their love for Christ, they even gave up their own lives.

The Gospel Reading also asks us to be the salt of the earth. We have to take the Word of God to the word with honesty, without watering it down, without changing it, showing, through our good works, that we are following faithfully the example of our spiritual ancestors, the first disciples of Christ.

When Jesus asks us to be the light of the world, he also asks us to let our faith shine out, not to hide it, not to feel ashamed of it. But, how can we let our light shine if we come to the Holy Mass late and we are the first ones to leave, in a hurry, as we see that some people do? People who act like that do not let the light of their faith shine out. The only thing that they show is that their spiritual lives continue in darkness since they are not even willing to give God an hour a week, as he asks us to do and that, as Christians, we have an obligation to do.

Besides hearing the Sunday Mass completely, and the Mass on Holydays of Obligation, we Christians have many more obligations such as going to confession frequently, receiving the Body and Blood of Christ to fortify our spirit and loving our neighbor more, serving him or her. Because it does no good for us to say that we follow the teachings of Christ if we do not demonstrate it with works. Our faith cannot be reduced simply to a few pious practices. If we help our neighbor we show that we truly love and follow God. If anyone sees a brother or sister in need and does not help them, they are not following the example of the Apostles nor are they doing what Christ asks of us today in the Gospel Reading. Our spiritual ancestors, the first disciples of Christ, showed that they helped each other out, sharing all that they had.

The teachings of Christ are based, above all, on love of God. And, because of that love, we serve our neighbor. The Prophet Isaiah in the First Reading exhorts us to try to show our love of God by loving our brother or sister, authentically and without making a fuss about it. A Christian who mistreats his or her neighbor or ignores his or her needs is not behaving as a good disciple of Christ. The Prophet Isaiah, with these words, teaches us that whoever chooses to be charitable with a neighbor does not let the salt of his or her faith go flat. He or she is allowing the Light of God to shine in the world. If we put the teachings of the First Reading into practice, we will proclaim the Gospel with our works of charity.

Let us ask the Most Holy Virgin to show us how to let our light shine out in the midst of this world that needs clarity, to show us how to share, not only our bread with the needy but also to show our love, our solidarity and our total commitment.

Sexto Domingo del Tiempo Ordinario
Ciclo A

Lecturas: 1) Sirácides 15,16-21 2) 1 Corintios 2, 6-10 3) Mateo 5,17-37

Hemos escuchado en el Evangelio cómo Jesús dice a sus discípulos, "no creáis que he venido a abolir la ley ó los profetas". Y a continuación dice, "no he venido a abolir, sino a dar plenitud". Pero seamos cuidadosos. No sea que estas palabras del Señor nos confundan y pensemos, "¡Qué maravilla! Ya no tendremos tantos mandamientos en nuestra religión". Pues no. Precisamente no es eso lo que les dijo a sus discípulos. Cristo no vino a cambiar la ley divina, la ley que Dios había revelado a Moisés.

Los Diez Mandamientos siguen hoy en día con la misma vigencia que en los tiempos de Moisés. Hoy el Evangelio menciona solamente tres, el quinto, el sexto y el octavo, que, para desgracia de muchos, esta sociedad quebranta cada día. Dios nos dice "No matarás". ¿Y qué está haciendo esta sociedad sino matar? Y lo está haciendo como nunca en la historia de la humanidad. Cada día se asesinan centenares de miles de niños en gestación, algunos a punto de nacer. No cometerás adulterio. ¿Y qué está haciendo esta sociedad con el amor libre, la pornografía, las infidelidades en el propio matrimonio? No jurarás en falso. ¿Y qué está haciendo esta sociedad donde la mentira y la falsedad, se han convertido en la base de todo lo que se hace en la vida pública? Al meditar solamente sobre estos mandamientos, comprobamos todo el daño que esta sociedad se está haciendo a sí misma, a nosotros mismos y, lo más lamentable de todo, a Dios.

Dios nos deja libres para elegir entre el bien y el mal. Pero para tener conciencia amplia sobre lo que es bueno y lo que es malo tendremos que conocer ampliamente las Sagradas Escrituras. Ellas nos darán la sabiduría para saber qué es pecado y qué no es pecado, qué tenemos que evitar y qué tenemos que hacer. Preguntémonos, ¿estamos cumpliendo las leyes que Dios nos ha dado en las Sagradas Escrituras? Observamos en muchas comunidades que hay falta de fe. La mala moral se cuela dentro de ellas. Hay comportamientos que dejan mucho que desear. En las familias, en los matrimonios, en las escuelas se observa, a veces, que algunos católicos reflejan más el paganismo que el cristianismo. Tengamos en cuenta lo que el Señor dice, "el que se salte uno solo de los preceptos menos importantes... será el menos importante en el reino de los cielos". Pero fijémonos en lo que dice a continuación: "quien los cumpla y enseñe", sin cambiarlos, claro está, "será grande en el reino de los cielos". Gran responsabilidad para los padres de familia, los catequistas que enseñan en las comunidades, los ministros de la Iglesia, si no están enseñando la Palabra auténtica, tal y como Cristo la enseñó.

Todos sabemos que hay problemas en nuestra Iglesia Católica. Y muchos de ellos surgen porque algunos interpretan mal las leyes de Dios, usando una sabiduría egoísta y puramente humana. En la Segunda Lectura, San Pablo les dice a los cristianos de Corintio que no se guíen por la sabiduría que da el mundo sino que adquieran una sabiduría divina, una "que no es de este mundo". Hay personas que se sienten muy suficientes con esa sabiduría mundana y hasta presumen de ella. Esta no es la que Cristo enseñó. La que Él enseñó viene de Dios. Es la sabiduría que nos hace profundizar más en nuestra fe, nos hace conocer, con más detalle, lo que el Señor nos pide en el Evangelio.

En la Primera Lectura del libro de Eclesiástico, el autor, Ben Sira, nos recuerda que desde que tenemos uso de razón podemos elegir entre una vida de pecado ó una vida recta. Les dice a los que se vanaglorian de amar a Dios pero que no guardan sus mandamientos que "los ojos de Dios ven las acciones, él conoce las obras del hombre; no manda pecar al hombre, ni deja impunes a los mentirosos".

Sixth Sunday of Ordinary Time
Cycle A

Readings: 1) Sirach 15:16-21 2) 1 Corinthians 2:6-10 3) Matthew 5:17-37

We have heard in the Gospel Reading how Jesus said to his disciples, "Do not think that I have come to abolish the law or the prophets." And then he says, "I have not come to abolish but to fulfill." But let us be careful lest the Lord's words confuse us and we think, "This is great! We will now not have so many commandments in our religion." Well, no. That is not exactly what he told his disciples. Christ did not come to change divine law, the law that God revealed to Moses.

The Ten Commandments continue today in force with the same validity as in the time of Moses. Today the Gospel Reading mentions only the third, fifth, sixth and eighth commandments that, unfortunately for many, society breaks every day. God tells us, "You shall not kill." And what is this society doing if not killing? And they are doing it as never before in the history of humanity. Every day hundreds of thousands of children *in utero* are killed, some of them moments before being born. You shall not commit adultery. And what is this society doing with free love, pornography, infidelity in marriage? You shall not swear falsely. And what is this society doing where lying and falsehoods have become the basis of public life. When we meditate only on these three commandments, we take note of all the harm that this society is doing to itself, to us, and, worst of all, to God.

God gives us the freedom to choose between good and bad. But if we want to have an educated conscience about what is good or what is bad we have to know the Holy Scriptures well. The Scriptures will give us the knowledge to understand what sin is and what sin is not, what we have to avoid and what we have to do. Let us ask ourselves, are we obeying the laws that God has given us in Sacred Scripture? We see in many communities that there is a lack of faith. Bad morals infiltrate them. There is behavior that leaves much to be desired. In families, in marriages, in schools, we observe, sometimes, that some Catholics reflect more a pagan attitude than a Christian one. Let us keep in mind what the Lord says, "whoever breaks one of the least of these commandments… will be called least in the kingdom of heaven." But let us pay attention to what he says then, "Whoever obeys them and teaches others," without changing them, of course, "will be great in the kingdom of heaven." That is a great responsibility for parents, for catechists who teach in the communities, for the ministers of the Church, if they are not teaching the Word authentically, just as Christ taught it.

We all know that there are problems in our Catholic Church. And many of them come up because some people interpret the laws of God poorly, using a selfish and purely human wisdom. In the Second Reading, Saint Paul tells the Christians of Corinth that they should not be guided by the wisdom that is of this world but that they should acquire divine wisdom, a wisdom that is "not of this world." There are people who feel smug with that worldly wisdom and they even boast about it. This is not what Christ taught. The wisdom that he taught comes from God. It is wisdom that makes us want to learn more about our faith; it makes us know, in detail, what the Lord asks of us in the Gospel.

In the First Reading from the Book of Ecclesiasticus (Sirach), the author, Ben Sira, reminds us that from the time that we reach the age of reason we can choose to live a life of sin or a good life. He tells those who boast about loving God but do not follow his commandments that "The eyes of God see all he has made; he understands man's every deed. He does not command anyone to sin, nor does he leave liars unpunished."

Séptimo Domingo del Tiempo Ordinario
Ciclo A

Lecturas: 1) Levítico 19,1-2. 17-18 2) 1 Corintios 3,16-23 3) Mateo 5, 38-48

Hemos escuchado, en el Evangelio, que Jesús dijo a sus discípulos, "habéis oído que se dijo ojo por ojo, diente por diente" pero lo que Cristo nos pide a nosotros es lo contrario, que seamos bondadosos, incluso con los que nos hacen daño, que seamos humildes y perdonemos al enemigo. Esa es la actitud que nos pide Cristo. En otra ocasión el Señor dijo que debíamos ser "astutos como serpientes y sencillos como palomas". (Mt 10, 16) Estas dos actitudes pueden parecer, a simple vista, que son contradictorias. Pero no es así. El Señor no nos pide que seamos tolerantes con alguien que nos está atropellando, con alguien que está abusando de nosotros, en cualquier sentido. En ese caso tenemos el derecho de defendernos.

Una de las lacras de esta sociedad es el maltrato entre cónyuges. Hay cónyuges excesivamente violentos. En estos casos el agredido debe protegerse y hasta alejarse de la persona que le maltrata y margina. De no hacerlo así, podría llegar a crecer odio entre ellos. El odio es un pecado y no podemos permitir que anide en nuestros corazones. Debido a eso hay que resistir al agresor. El ser humano no debe permitir que nadie le subestime, le margine ó le quite su libertad. En casos así, las personas maltratadas ó abusadas tienen que pedir ayuda porque el agresor suele ser persona violenta o sádica. Hay que tener en cuenta que son personas enfermas. Lo que voy a decir puede parecer contradictorio, pero cuanto más se tolera la marginación y el abuso más crece el odio en el agresor. Hay que orar por estas personas a Dios. Acabo de decir que son personas enfermas pero su violencia puede llegar a casos extremos. Permitir que exista abuso o marginación en nuestra sociedad es colaborar pasivamente con los que abusan y marginan. No puede cargar uno mismo con el pecado del otro. La Primera Lectura nos lo dice: "Reprenderás a tu pariente para que no cargues tú con su pecado". Pero seamos cuidadosos ya que el Señor nos pide no guardar rencor ni ansias de venganza. Nos pide que mostremos nuestro amor al prójimo, incluso a los que nos han hecho daño, orando por ellos para que Dios les sane de su mal.

La Segunda Lectura nos deja ver que en la comunidad cristiana de Corintio había división. San Pablo les dice, "sois templo de Dios" y también les dice que el Espíritu de Dios habita en ellos. Esto también es para nosotros porque somos templos de Dios y el Espíritu de Dios también está con nosotros. Fijémonos en lo que dice a continuación, "Si alguno destruye el templo de Dios, Dios le destruirá a él". Esta frase nos debe enseñar a ser cuidadosos. En la comunidad de Corintio, algunos, no sabemos cuántos, estaban cometiendo pecados, profanando el santuario de Dios que es el cuerpo humano. Debido a eso, la comunidad se estaba malogrando. San Pablo les enseña lo que tienen que hacer si quieren mantener la comunidad unida y en el amor de Dios. Les dice, "si alguno de vosotros se cree sabio en este mundo, que se haga necio". ¿Y en nuestras comunidades? ¿Cuántos estamos dispuestos, incluso con una inteligencia privilegiada, a hacernos los necios? Las desuniones en las comunidades, la mayoría de las veces, vienen porque muchos quieren gobernarlas con la sabiduría de este mundo. Hay muy poquitos que se hacen los necios. San Pablo dice que Dios, "penetra los pensamientos de los sabios y conoce que son vanos". Por eso es tan importante, en las comunidades, ser cuidadosos, vigilando nuestro comportamiento. Lo mismo que San Pablo les dijo a los Corintios, que no se gloríen en las personas, también nos lo dice a nosotros. Cualquier persona en una comunidad que se comporte fuera de ese contexto traerá desunión y, en algunos casos, hasta odio. Los miembros de la comunidad están llamados a dar un servicio recto a sus hermanos en Cristo. Cualquier miembro que piense u obre para su propio provecho no estará actuando como pide Cristo.

Seventh Sunday of Ordinary Time
Cycle A

Readings: 1) Leviticus 19:1-2, 17-18 2) 1 Corinthians 3:16-23 3) Matthew 5:38-48

We have heard, in the Gospel Reading, that Jesus said to his disciples, "You have heard that it was said, 'an eye for an eye, a tooth for a tooth" but what Christ asks of us is the opposite, that we be kind, even with those who harm us, that we be humble and that we pardon our enemy. This is the attitude that Christ asks of us. On another occasion the Lord said that we should be "as shrewd as serpents and as simple as doves." (Mt 10:16) These two attitudes could appear, at first glance, to be contradictory. But it is not so. The Lord does not ask us to be tolerant with those who run us over, with someone who is abusing us, in whatever manner. In these cases, we have a right to defend ourselves.

One of the scourges of this society is marital abuse. There are spouses who are excessively violent. In these cases, the one who is mistreated should protect himself or herself and distance themselves from the person who is doing the mistreating or abusing. If this does not occur, hatred can grow in them. Hatred is a sin and we should not allow it to take root in our hearts. Because of this we have to resist the aggressor. People should not permit anyone to underestimate or shove them aside them or take away their freedom. In cases such as these, the mistreated or abused person has to ask for help because the aggressor is many times a violent and sadistic person. We should understand that these are sick people. What I am about to say may seem like a contradiction but the more tolerant a person is to being cast aside and abused, the more hatred grows in the aggressor. We have to pray to God for these people. I just said that they are sick people but their violence can reach extreme proportions. Allowing abuse to exist in our society is collaborating passively with those who abuse. One cannot feel guilty for the sins of another person. The First Reading tells us, "Though you reprove your fellow man, do not incur sin because of him." But let us be careful because the Lord asks us not to hold grudges or be anxious to seek out revenge. He asks us to show our love for our neighbor, even to those who have harmed us, praying for them so that illness will be cured.

The Second Reading shows us that in the Christian community of Corinth divisions existed. Saint Paul says to them: "You are temples of God" and he tells them that the Spirit of God abides in them. This also goes for us because we are also temples of God and the Spirit of God is in us. Let us concentrate on what he says then, "If one of you destroys the temple of God, God will destroy him." This phrase should show us to be careful. In the community of Corinth, some people, we do not know how many, sinned by profaning the sanctuary of God that is the human body. Because of this, the community was not functioning properly. Saint Paul shows them what they have to do if they want to maintain the community united and in the love of God. He says, "If any one of you considers himself wise in this world, let him become a fool." And in our communities? How many are willing, even those who have great intelligence, to become fools? Disunion in communities, the majority of times, comes about because many want to govern it using the wisdom of the world. There are very few who want to become fools. Saint Paul says that God "knows the thoughts of the wise and knows that they are vain." That is why it is so important in our communities to be careful, to be watchful over our own behavior. Just as Saint Paul said to the Corinthians that they should not glory in people, he says the same to us. Any person in a community who behaves outside of this context brings disunion and, in some cases, even hatred. The members of the community are called to truly serve their brothers and sisters in Christ. Any member who thinks or does things for their own good is not acting as Christ asks.

Octavo Domingo del Tiempo Ordinario
Ciclo A

Lecturas: 1) Isaías 49,14-15 2) 1 Corintios 4,1-5 3) Mateo 6, 24-34

En el Evangelio nos dice el Señor, "No estéis agobiados". Los humanos tenemos la tendencia de agobiarnos por muchas cosas y algunas de ellas ni siquiera han ocurrido aún. La preocupación por cosas que no han ocurrido, y que no sabemos si van a ocurrir, es una inquietud meramente necia. Pensar, "¿y si me ocurriera esto ó lo otro?" nos da ansiedad y nos quita la energía para solventar los problemas del día presente. Cada nuevo día trae consigo pequeños ó grandes problemas. Lo que llamamos "la cruz de cada día", que todos, con resignación o con disgusto, tendremos que cargar. ¿Quién de nosotros, a fuerza de agobiarse, va a poder añadir una hora al tiempo de su vida? Esto nos lo pregunta Jesús en el Evangelio. Nos recuerda que todo está en sus manos. Cuando la vida nos dé un problema serio, el Señor nos dará la fuerza para soportarlo y la sabiduría para resolverlo, si confiamos en Él. Siempre está con nosotros, aunque haya personas que piensen lo contrario. Y Él nunca nos mandará más de lo que cada uno de nosotros podamos soportar. Pensemos con detenimiento que el futuro lo dispone Dios. Nosotros solamente disponemos del momento presente.

Tenemos la opción de seguir a Dios con fidelidad ó no seguirle. Jesús nos habla con claridad y nos dice: "no se puede servir a Dios y al dinero". Nos ofrece la manera de liberarnos de ambiciones egoístas y preocupaciones agobiantes. Hay personas en el mundo afanadas buscando como adquirir dinero de la forma que sea. Sobre esto nos previene el Señor: no dejarnos coger por la ambición desmesurada de poseer dinero, bienes e incluso poder. Si seguimos, aunque sea un poco, lo que Cristo nos dice en el Evangelio, iremos dejando ese afán agobiante de poseer y nos iremos desprendiendo de las cosas superfluas día a día. Este desprendimiento no quiere decir que no tratemos de superarnos con organización, estudio, un mejor trabajo, una casa más cómoda. El Señor no está en contra de esto. Él sabe que necesitamos cosas para el sustento de cada día. Hay un refrán que dice, "ayúdate y te ayudaré". Él que nos ayuda es Dios cuando ve que estamos intentando superarnos. Él hará por nosotros lo demás. El Señor quiere que disfrutemos de una vida desahogada. Él es quien nos da todo lo bueno que poseemos. Pero debemos administrar los bienes que nos da con rectitud. De lo que Jesús está en contra es de una ambición desmesurada. Lo que no le gusta es que el egoísmo nos esclavice.

En la Primera Lectura, el profeta Isaías habla a los judíos exiliados en Babilonia. Habían padecido setenta años de destierro y el Exilio hizo que muchos de ellos perdieran la esperanza. Pensaban que Dios les había abandonado. El pesimismo hizo mella en ellos. Pero a pesar de eso no dejaron la oración. Clamaban a Dios, pidiéndole ser liberados y poder un día regresar a su tierra. Se lamentaban diciendo, "Me ha abandonado el Señor, mi dueño me ha olvidado". En esta época, también hay cristianos que piensan que Dios les ha abandonado. Pero Dios nunca abandona. Él mismo nos lo dice en la Primera Lectura: "Yo no te olvidaré". Se lo dijo al pueblo judío y nos lo dice a nosotros. Los que le abandonamos y nos alejamos de Él somos nosotros. A veces, al no conseguir lo que anhelamos "ahora mismo", nos frustramos porque no recibimos contestación inmediata a nuestras peticiones. Dejamos a Dios y dejamos a su Iglesia. Y es entonces cuando se nos amontonan todos los problemas. El profeta Isaías recordaba constantemente a los exiliados en Babilonia que Dios les liberaría, les daría lo necesario y un día volverían a su tierra. Pero necesitaban poner la confianza en Dios. Él era el único que podía ayudarles. Y esto también es para nosotros. Seamos humildes, reconociendo que sin Dios no llegaremos a nada.

Eighth Sunday of Ordinary Time
Cycle A

Readings: 1) Isaiah 49:14-15 2) 1 Corinthians 4:1-5 3) Matthew 6:24-34

In the Gospel Reading, the Lord tells us, "Do not worry." We humans have the tendency to worry about many things and some of them will not even come to pass. Worrying about things that have not happened, that we don't even know if they ever will happen, is really foolish. To think, "And if this or that should happen to me?" only causes us to be anxious and it drains away energy to solve today's problems. Every new day brings with it small and big problems. We call them "daily crosses" which everyone, with resignation or with displeasure, has to carry. Who, just by worrying, can even add an hour to their lives? This is the question that Jesus asks in the Gospel Reading. He reminds us that everything is in his hands. When life brings us a serious problem, the Lord gives us the strength to live through it and the knowledge to resolve it, if we trust in him. He is always with us, even if there are people who think he is not. And he never sends us more than each of us can bear. Let us think carefully that God is the one who controls the future. We can only control the present moment.

We have the option of following God faithfully or not. Jesus speaks with us clearly and tells us, "no one can serve God and money." He offers us a way to free ourselves of selfish ambitions and worrisome preoccupations. There are people in the world who work hard trying to make money in any way possible. About this, the Lord warns us: do not let uncontrolled ambition to obtain money, material goods, or even power, get the best of you. If we follow, even if just a little, what Christ tells us in the Gospel Reading, we will leave behind the worrisome need to posses and we will free ourselves daily of superfluous things. This freedom does not mean that we will not try to better ourselves through organization, study, a better job, a more comfortable home. The Lord is not against this. He knows that we need things to sustain us every day. There is a refrain that says, "Help yourself and I will help you." The one who helps us is God when he sees that we are trying to better ourselves. He will do the rest for us. The Lord wants us to enjoy a comfortable life. He is the one who provides us with everything good that we possess. But let us administer the goods that he gives us honestly. What Jesus is against is inordinate ambition. What he does not like is the selfishness that enslaves us.

In the First Reading, the Prophet Isaiah speaks to the Jews exiled in Babylon. They had suffered seventy years of exile and it had caused many of them to lose hope. They thought that God had abandoned them. Pessimism was rampant among them. In spite of this they did not stop praying. They cried out to God, asking him to be freed so they could return to their own land. They complained saying, "The Lord has abandoned me, my Lord has forgotten me." In our own times, there are Christians who also think that God has abandoned them. But God never abandons anyone. He personally says this to us in the First Reading: "I will not forget you." He said it to the Jewish people and he says it to us. We are the ones who abandon and distance ourselves from him. Sometimes, when we do not get what we want "right now," we feel frustrated because we do not receive an immediate answer to our requests. We leave God and we leave his Church. And it is then that all of the problems begin to mount up. The Prophet Isaiah constantly reminded the exiles in Babylon that God would liberate them, he would give them what they needed and one day they would return to their land. But they needed to trust in God. He was the only one who could help them. And he says this to us also. Let us be humble, as we recognize that without God we will never amount to much.

Noveno Domingo del Tiempo Ordinario
Ciclo A

Lecturas: 1) Deuteronomio 11,18. 26-28. 32 2) Romanos 3, 21-25a. 28 3) Mateo 7, 21-27

Hemos leído en el Evangelio que Jesús dijo a sus discípulos, "No todo el que me dice, 'Señor, Señor' entrará en el Reino de los Cielos; más bien entrará el que hace la voluntad de mi Padre". Queda bien claro que lo que Jesús quiere de nosotros son hechos. Nos pide vivir nuestra fe con profundidad, guardar los mandamientos, recibir el alimento divino en la Sagrada Comunión, confesarnos frecuentemente, hacer caridad con los hermanos, desprendernos de las cosas mundanas, llevar la familia en el amor de Dios. Todo esto, y aún muchas más cosas, es lo que nos pide Cristo. Ahora, cada uno tendrá que reflexionar si está cumpliendo estos preceptos. Si los está cumpliendo estará viviendo plenamente la fe y en cualquier lugar donde se encuentre enseñará, sin palabras, con hechos, que su vida es ejemplar. Ir pregonando con palabras huecas, para que las oigan los demás, decir que amamos a Cristo sin mostrarlo con obras, a la larga dejará ver lo contrario. Cristo nos pide obras auténticas. No le gustan las obras que algunos hacen solo para aparentar, para sentirse importantes. Seamos cautelosos porque a Dios no le engaña nadie. Dice Jesús en el Evangelio de hoy, "Muchos dirán: '¡Señor, Señor! Hemos hablado en tu nombre'". A nosotros, en nuestro juicio final, decir esto, no nos va a ayudar. Porque si las obras no se hicieron por Dios y para Dios, si no hemos vivido rectamente sus enseñanzas, a nosotros también nos dirá, "¡Alejaos de mí, malvados! Nunca os he conocido". ¡Que ninguno de los que estamos aquí ahora participando en esta Santa Misa tengamos que oír un día estas terribles palabras pronunciadas por Nuestro Señor!

Al ver, en algunas iglesias, cómo se comportan algunos cristianos, no se puede menos que pensar, "la fe de estas personas es muy débil". Esto puede deberse a que no están recibiendo el alimento espiritual, la Santa Comunión, ó quizás no la están recibiendo en estado de gracia. Lo mismo que el cuerpo físico se debilita si no recibe comida, el alma también se debilita si no recibe el alimento divino ó si se recibe mal. En la Segunda Lectura, San Pablo les dice a los cristianos de Roma que para llegar a la salvación, necesitarán una fe firme. Nosotros, lo mismo que ellos, para fortalecer la fe, solamente tenemos un camino: seguir lo que Cristo nos ha enseñado. San Pablo dice que nadie puede salvarse a sí mismo. Nosotros tampoco podemos salvarnos a nosotros mismos. Las obras no basadas en la fe no sirven de nada.

En la Primera Lectura, el autor le dice al pueblo de Israel que lo más importante es amar a Dios. Este precepto fundamental lo debe llevar todo cristiano gravado en la mente y en el corazón. El Pueblo de Israel sabía con certeza que Dios era más importante que cualquier ser humano. Por el contrario, las religiones paganas de aquella época consideraban al rey como a un dios. Al pueblo de Israel, Dios le hizo ver que tenían que decidir cómo llevar la fe. Tenían dos caminos a seguir. Ó enaltecían a los dioses extranjeros ó seguían al verdadero Dios, el de sus antepasados, el único Dios. Un camino les llevaba a la maldición, el otro a la bendición. En este país, y aún más en los países Hispanos, hay falsos predicadores que tratan de engañarnos. Quieren sacarnos de nuestra Santa Madre la Iglesia, la auténtica, y llevarnos a sus sectas. Escuchar a estas personas cuando vienen a molestarnos, solamente nos traerá confusión y turbación y nos quitará nuestra fe, la verdadera fe, la que Cristo vino a traernos, la de los Apóstoles, la de nuestros antepasados. Cuando estos predicadores tratan de engañarnos, tenemos que enseñarles que ya tenemos nuestra doctrina y que no queremos otra, que somos cristianos convencidos, fieles a nuestra Iglesia, que seguimos las enseñanzas que Cristo enseñó a los Apóstoles. Tenemos que decirles que lo que nos ofrecen no nos interesa. De esa forma, les enseñamos que nuestra fe es fuerte.

Ninth Sunday of Ordinary Time
Cycle A

Readings: 1) Deuteronomy 11:18, 26-28, 32 2) Romans 3:21-25a, 28 3) Matthew 7:21-27

We read in the Gospel Reading that Jesus said to his disciples, "Not everyone who says, 'Lord, Lord' will enter into the Kingdom of Heaven, rather the one who does the will of my Father." It is clear that what Jesus wants of us are works. He asks us to live our faith deeply, to obey his commandments, to receive the divine food in Holy Communion, to confess our sins frequently, to be charitable to our brothers and sisters, to free ourselves of worldly goods, to bring up our family in the love of God. All of this, and even more, is what Christ asks of us. Now, each one has to reflect on whether he or she is complying with these precepts. If they are, they will be living our faith fully, and wherever they are, they will be showing without words, with works, that their lives are exemplary. Proclaiming with empty words, so that others can hear us, that we love Christ without showing it in our works, in the long run will show the opposite. Christ asks of us authentic works. He does not like the works that some do so that they can show off, so they can feel important. Let us be careful because God is not fooled by anyone. Jesus says in today's Gospel Reading, "Many will say, 'Lord, Lord!' We have spoken in your name." For us, at our last judgment, to say this will not help. Because if our works were not done because of God and for God's sake, if we did not live his teachings strictly, he will also say to us, "Depart from me, evildoers! I never knew you." May none of us gathered here in this Holy Mass have to hear one day those terrible words pronounced by Our Lord!

When we see, in some churches, how some Christians behave, we can only think, "Their faith is very weak." This can be because they are not receiving spiritual food, Holy Communion, or maybe they are not receiving it in a state of grace. Just as the physical body weakens if it does not receive food, the soul is also weakened if it does not receive divine food or if it is received poorly. In the Second Reading, Saint Paul says to the Christians of Rome that in order to reach salvation, they will need a firm faith. We, the same as the Christians of Rome, in order for us to strengthen our faith, can do only one thing: what Christ has taught. Saint Paul says that no one can save himself or herself. Neither can we save ourselves. Works not based on faith are worthless.

In the First Reading, the author says to the people of Israel that the most important thing is to love God. This fundamental precept should be engraved in the minds and hearts of all Christians. The People of Israel knew with certainty that God was more important for them than any human being. On the contrary, the pagans of their times considered the king to be like a god. God made the people of God understand that they had to decide how they would practice their faith. They had two roads they could take. Either they worshipped foreign Gods or they followed the true God, the God of their ancestor, the only God. One road led to their perdition, the other to blessedness. In this country, and even more in Hispanic countries, there are false preachers who try to deceive us. They want to pull us out of our Holy Mother, the Church, the authentic Church, and take us to their sects. Listening to these people when they come to bother us, only sows confusion and discontent and takes away our faith, the true faith, the one that Christ brought to us, the faith of the Apostles, of our ancestors. When those preachers try to deceive us, let us show them that we already have our doctrine and that we do not want another, that we are firm Christians, faithful to our Church, that we follow the teachings that Christ taught to his Apostles. We have to tell them that what they offer does not interest us. In that way, we will show them that our faith is strong.

Primer Domingo de Cuaresma
Ciclo A

Lecturas: 1) Génesis 2, 7-9; 3,1-7a 2) Romanos 5,12-19 3) Mateo 4,1-11

El Evangelio nos relata que Jesús "fue llevado al desierto por el Espíritu para ser tentado por el diablo". Satanás no lo tentó inmediatamente. Lo hizo después que el Señor llevaba cuarenta días y cuarenta noches ayunando. En su astucia maligna pensó que era un tiempo propicio para agarrarlo.

Satanás quiso cogerle por el punto más débil. Eso también hace con nosotros. La primera vez, en el desierto, le dijo, "si eres Hijo de Dios, di que estas piedras se conviertan en pan". A cualquier persona hambrienta, seducirle demostrándole que puede alcanzar comida es la manera más fácil. Sabemos que el pan es uno de los alimentos más importantes en la vida del ser humano. Jesús, con decisión, lo rechazó. Entonces Satanás lo llevó a la parte más alta del Templo en Jerusalén y le dijo, "si eres el Hijo de Dios, tírate abajo", asegurándole que los ángeles lo sostendrían. Precisamente el templo era donde Jesús había ido tantísimas veces y lo amaba entrañablemente como algo suyo que, en realidad, era. El Señor rechazó al Demonio una vez más. A pesar de ser rechazado, Satanás llevó al Señor a una montaña altísima y volvió a intentarlo. Allí le ofreció todos los reinos del mundo y su esplendor. En una palabra, todas las riquezas del mundo. Nuevamente fue rechazado por Cristo.

Jesús, a pesar de ser Dios hecho hombre, tampoco pudo librarse de las tentaciones del Maligno. Así que, ¿cómo vamos a pensar nosotros que Satanás no tratará de seducirnos siempre que pueda? El Señor, en el Evangelio, nos da un ejemplo grandioso de valentía y entereza para que le imitemos. Tres veces rechazó a Satanás. Y lo hizo dignamente. Después, con toda tranquilidad, siguió su camino, cumpliendo lo que había venido hacer: salvar a la humanidad del pecado y obedecer al Padre.

El Diablo siempre estará al acecho, buscando a quien atrapar. Y siempre, a quien cogerá primero será a los débiles espiritualmente. A nosotros no nos tentará de la misma manera que lo hizo con nuestro Señor. A Él, cuando estaba hambriento y débil, le ofreció comida y todos los reinos del mundo. A nosotros, cuando trata de atraparnos, nos suele ofrecer pequeñeces. Él conoce bien al género humano y sabe lo fácil que es engañarnos. A los vanidosos les tienta con ropa y con todo lo que se deriva del lujo; a los débiles con bebida y a los más débiles con droga, sexo y con muchas más cosas. Para poder vencerle, necesitamos fuerza espiritual, fe y oración... Así podremos plantarle cara y mantenernos firmes como lo hizo el Señor. Satanás, viendo esto, se marchará. Pero tengamos presente que volverá vez tras vez. Pero cuanto más le resistamos y venzamos, adquiriremos más fuerza porque Dios nos la dará. Y, con su ayuda, cada vez nos será más fácil resistirle.

San Pablo, en la Segunda Lectura, lo mismo que les dijo a los romanos, nos dice a nosotros: por el pecado de Adán la muerte entró al mundo. A través de la muerte de Jesucristo, la muerte ha sido vencida. Nosotros, desde ahora, tenemos la posibilidad de vencer a la muerte que trae el pecado y, después, disfrutar de la vida eterna.

El miércoles pasado comenzamos la Temporada Cuaresmal: tiempo de penitencia, ayuno y abstinencia; tiempo para hacer una buena confesión que limpiará nuestros pecados y nos fortalecerá el alma. Y robustecidos, como Cristo, por el Espíritu Santo venceremos cualquier tentación que nos haga Satanás.

First Sunday of Lent
Cycle A

Readings: 1) Genesis 2:7-9, 3:1-7a 2) Romans 5:12-19 3) Matthew 4:1-11

The Gospel Reading tells us that Jesus "was taken to the desert by the Spirit to be tempted by the devil." Satan did not tempt him immediately. He waited until after the Lord had spent forty days and forty nights fasting. In his evil astuteness, he thought that would be a more appropriate time to trap him.

Satan wanted to get to him where he was weakest. That is also what he tries to do with us. The first time, in the desert, he said, "if you are the Son of God, tell these rocks to change into bread." The easiest way to seduce a hungry person is to show him or her how to obtain food. We know that bread is one of the most important food items in the life of a human being. Jesus, vigorously, refused it. Then Satan took him to the highest part of the Temple in Jerusalem and said to him, "If you are the Son of God, throw yourself down." He assured him that angels would bear him. The temple was where Jesus had gone many times and he loved it dearly as something that was his own, which, in reality, it was. The Lord refused the Demon's temptation once again. In spite of the refusal, Satan took the Lord to a very high mountain and he tried once again. There he offered him all of the kingdoms of the word and their splendor. In a word, all of the riches of the world. Once again, Christ refused.

Jesus, in spite of being God made man, could not free himself from the temptations of the Evil One. So, what makes us think that Satan will not try to seduce us whenever possible? The Lord, in the Gospel Reading, gives us a grand example of courage and integrity for us to follow. Three times he refused Satan. And he did it with dignity. Afterwards, calmly, he continued his journey, accomplishing what he came to do: save humanity from sin and obey the Father.

The Devil is always prowling about seeking to trap us. And always, those he will trap first are those who are spiritually weak. He will not tempt us in the same way he tempted Our Lord. To him, when he was hungry and weak, he offered food and all of the kingdoms of the world. To us, when he tries to trap us, he usually offers piddling things. He knows the human race well and he knows how easy it is to deceive us. The vain he tempts with clothes and with everything that comes from luxury; with the weak he uses drink; those who are even weaker are tempted with drugs, sex and many other things. In order to overcome him, we need spiritual strength, faith and prayer. If we have these, we can thwart him and be firm, as the Lord was. Satan, when he sees this, will go away. But let us remember that he will return time after time. But the more we resist and overcome the more strength we will acquire because God will give it to us. And, with his help, as time goes on it will be easier to resist.

Saint Paul, in the Second Reading, says to us the same thing he said to the Romans: because of the sin of Adam, death came into the world. Through the death of Jesus Christ, death has been conquered. We, from now on, can conquer the death that sin brings and, afterwards, enjoy eternal life.

Last Wednesday, we began the Lenten Season: a time for penance, fasting and abstinence, a time to make a good confession that will cleanse us of sin and fortify our souls. And strengthened in this way, as Christ was, by the Holy Spirit we can conquer any temptation that Satan can give us.

Segundo Domingo de Cuaresma
Ciclo A

Lecturas: 1) Génesis 12,1-4 2) 2Timoteo 1, 8-10 3) Mateo 17,1-9

El Evangelio de hoy nos ha dejado ver cómo ocurrieron los hechos en el Monte Tabor durante lo que hoy en día llamamos la Transfiguración. Unos días antes, Jesús les había comunicado a sus discípulos en Cesarea de Filipo que Él tendría que padecer mucho en Jerusalén. Les explicó que iba a ser juzgado y ejecutado. Al oír todo eso, los Apóstoles se quedaron tristes y preocupados. Días después, Jesús tomó a Pedro, Santiago y Juan, y los llevó aparte a una montaña alta para orar. Estos tres discípulos son los que, más tarde, presenciarían y serían testigos de la agonía de Jesús en el Huerto de los Olivos. Estando en el Monte Tabor ocurrió algo maravilloso. Mientras el Señor oraba, el aspecto de su rostro resplandecía como el sol y sus vestiduras se volvieron blancas como la luz. En ese instante, los Apóstoles vieron a Jesús conversando con Elías y Moisés. Estos también aparecían gloriosos, igual que Nuestro Señor.

La gloria divina que presenciaron los tres Apóstoles los llenó de inmensa alegría hasta tal punto que San Pedro, en su impulsividad, exclamó: "Señor, ¡qué hermoso es estar aquí! Si quieres haré tres chozas: una para ti, otra para Moisés y otra para Elías". Con estas palabras, San Pedro nos enseña su desprendimiento y su deseo de complacer solamente a Jesús. Observemos lo que dijo, "una para ti, otra para Moisés y otra para Elías", pero no pensó en una choza para él o sus compañeros. Lo que deseaba era alargar aquella sensación de felicidad, esa paz que solo se puede encontrar en el Cielo. Jesús sabía muy bien que lo que había explicado a los Apóstoles sobre su pasión y muerte, ellos no lo habían entendido. También sabía que lo que les había dicho les había dejado desconcertados y tristes. Quizás fue por eso que quiso recompensarles y quitarles parte de aquella tristeza y les permitió ver aquella grandiosidad que solamente se experimenta en la presencia de Dios en el cielo.

Nuestra existencia aquí en la tierra debe ser un caminar hacia el Cielo, que es nuestra verdadera morada. Aquí estamos de paso, como cuando vamos de viaje. Por esta razón, no debemos cargarnos con demasiadas cosas materiales, sino sobrecargarnos con cosas espirituales. Así será más fácil nuestro caminar hacia esa gloria de Dios que San Pedro y sus compañeros presenciaron en el Monte Tabor. La tendremos nosotros en plenitud si sabemos vivir la vida aquí en la tierra con dignidad y amor a Cristo. Para vencer a Satanás y al pecado durante esta Cuaresma y el resto del año, nos ayudará pensar en esa gloria que nos tiene prometida nuestro Señor. Pecaremos menos si tenemos presente la necesidad que tenemos de comportarnos con entereza para ganar el cielo. El cristiano que ha hecho su meta seguir a Cristo, cumpliendo los mandamientos, sabe muy bien que el camino será áspero y difícil. Siempre encontraremos personas en desacuerdo con nuestra fe, nuestras palabras y nuestra manera de seguir a Cristo, especialmente en esta sociedad donde hay personas, incluso cristianos practicantes, que llevan su fe a su manera y conveniencia. Muchas veces habrá que ir contra corriente. Sabemos que la vida de un cristiano que quiere seguir las enseñanzas de Cristo necesitará humildad para aceptar las contrariedades que surjan. Durante la Cuaresma, tratemos de aumentar nuestra fe y de aceptar las cruces de la vida, no solamente en estos días, sino siempre.

Recordemos lo que Jesús enseñó a sus discípulos: que antes de llegar a la gloria hay que pasar por el Calvario, como hizo Él.

Second Sunday of Lent
Cycle A

Readings: 1) Genesis 12:1-4 2) 2 Timothy 1:8-10 3) Matthew 17:1-9

The Gospel Reading today shows us what occurred on Mount Tabor on the day that today we call the Transfiguration. A few days before this, Jesus had told his disciples in Caesarea Philippi that he would have to suffer greatly in Jerusalem. He explained to them that he would be tried and executed. When they heard this, the apostles were saddened and worried. A few days afterwards, Jesus took Peter, James and John and he went up a tall mountain to pray. These three disciples were the ones who, later on, would be present and witness the agony of Jesus in the Garden of Olives. On Mount Tabor something marvelous occurred. While the Lord prayed, his face began to shine like the sun and his clothing turned white as the light. In an instant, the apostles saw Jesus talking to Elijah and Moses. These two also appeared to be clothed gloriously, as was Our Lord.

The divine glory that the three Apostles witnessed filled them with immense joy, to such an extent that Saint Peter, in his impulsiveness, exclaimed, "Lord, how beautiful it is to be here. If you want I will erect three tents: one for you, one for Moses and another for Elijah." With these words, Saint Peter shows us his kindness and his willingness to please only Jesus. We observe that he said, "One for you, one for Moses and another for Elijah" but he did not think about a tent for himself or his companions. What he wanted to do was to draw out that sensation of Joy, that peace that can only be encountered in heaven. Jesus knew very well that the apostles had not understood what he had explained to them about his passion and death. He also knew that what he had said had left them confused and sad. Maybe this was the reason that he wanted to reward them and take away part of that sadness and he allowed them to see the vastness that can only be experienced in the presence of God in heaven.

Our existence here on earth should be a journey towards heaven, which is our true home. Here we are passing through, as when we are on a trip. For this reason, we should not burden ourselves with too many material things but weigh ourselves down with spiritual things. That way our journey towards the glory of God that Saint Peter and his companions witnessed on Mount Tabor will be easier. We will possess it fully if we know how to live our lives on earth with integrity and a love of Christ. In order for us to overcome Satan and sin during this Lenten Season and the rest of the year, it may help us to think of that glory which Our Lord has promised to us. We will sin less if we keep in mind the need that we have to behave with integrity in order for us to get to heaven. The Christian who has made following Christ his or her goal, obeying the commandments, knows very well that the journey can be rough and difficult. We will always find people who disagree with our faith, our words and our manner of following Christ, especially in this society where there are people, even practicing Christians, who practice their faith as they choose to and at their own convenience. There will be many times when we have to go against the current. We know that the life of a Christian who wants to follow the teachings of Christ must be humble in order to accept the problems that come up. During Lent let us try to strengthen our faith and accept the daily crosses, not only during these days, but always.

Let us remember what Jesus taught to his disciples: before we get to the glory we must experience Calvary, as he did.

Tercer Domingo de Cuaresma
Ciclo A

Lecturas: 1) Éxodo 17, 3-7 2) Romanos 5,1-2. 5-8 3) Juan 4, 5-42

El Evangelio, a través del diálogo entre Jesús y la mujer Samaritana, dice que todos tenemos sed de Dios y que solamente Jesucristo puede saciar esa sed.

El relato del encuentro entre Jesús y la Samaritana comenzó cuando Jesús llegó a una pequeña aldea de Samaria llamada Sicar. Los Samaritanos fueron despreciados por los judíos, que alegaban que se habían dejado influenciar por religiones ajenas, incorporándolas a sus ritos y celebraciones litúrgicas. Debido a esto les consideraban como paganos. Los judíos no solían hablar, ni tenían trato, con los Samaritanos. Por eso, cuando los Apóstoles regresaron y vieron a Jesús hablando con la Samaritana, se sorprendieron y extrañaron. No podían creer que el Maestro hablara con una mujer Samaritana.

En Sicar había un pozo de agua que llevaba siglos abasteciendo la aldea. Cuando Nuestro Señor llegó a la aldea, después de un largo viaje de andar por caminos polvorientos de la región, era alrededor del mediodía. Se encontraba cansado y se sentó al borde del pozo. Pero, a pesar de su cansancio, escogió ese lugar y ese momento para darse a conocer, como el Mesías prometido, al pueblo Samaritano. Fue en ese lugar, entre los Samaritanos, que Jesús proclamó por primera vez que Él es la fuente única de vida eterna. Le dijo a la Samaritana: "El que beba de esta agua vuelve a tener sed, pero el que beba del agua que yo le daré no volverá a tener sed".

El Señor usó el agua como una imagen para hablar de la gracia que mana de la fuente divina de su crucifixión y muerte. Jesús le dijo a la mujer que el agua que Él dará es agua viva. La gente del Oriente Medio distingue entre el agua muerta, o agua de cisterna, y el agua viva que brota de un manantial. El pueblo judío siempre recordó el agua viva que brotó de la peña de Horeb cuando Moisés le dio con la vara en el desierto y de la cual los hebreos bebieron en abundancia hasta saciarse. La persona que beba del agua que da Nuestro Señor ya no tendrá sed. Al beberla fácilmente vencerá el deseo de llenar su vida con cosas perecederas. Jesús vino a darnos vida en el espíritu. Esa vida comienza cuando, en las aguas bautismales, somos purificados de todo pecado. En esa agua encontramos el camino hacia la vida eterna. Jesús dice "todos los que estén sedientos... vengan hacia el agua" viva. Nos ofrece la salvación y nos dice que la sed de Dios solamente la puede saciar Él. Los Cristianos, igual que la mujer Samaritana, tenemos sed de Dios. Y, como ella, le rogamos constantemente a Jesús: "Señor, dame de esa agua, para que no sufra más sed...". Muchas personas tratan de saciar esa sed con falsos dioses como el dinero, el poder, la droga y la bebida. Pero todas estas cosas, y otras que la vida ofrece, son fuentes de agua muerta y corrompida. Al beber de ellas nos enfermamos con el pecado.

El Evangelio debe hacernos recordar el agua que brotó del Corazón de Jesús Crucificado. Es el agua viva del amor y del perdón que brotó junto con la sangre de la reconciliación. El agua y la sangre que brotó del Corazón de Jesús es la prueba de Su amor por nosotros. Desde la Cruz, Cristo nos dice silenciosamente a todos, "Quien tenga sed que venga a mí y beba". ¡Dichosos los que saben beber del agua viva que el Señor da! Acerquémonos con humildad a Jesús y pidámosle con confianza, "danos Señor de tu agua viva, ahora y siempre".

Third Sunday of Lent
Cycle A

Readings: 1) Exodus 17:3-7 2) Romans 5:1-2, 5-8 3) John 4:5-42

The Gospel Reading, using a dialogue between Jesus and a Samaritan woman, says that we all are thirsty for God and that only Jesus Christ can quench that thirst.

The story of the encounter between Jesus and the Samaritan woman began when Jesus arrived at a small village in Samaria called Sicar. The Samaritans were looked down on by the Jews, who alleged that they had allowed themselves to be influenced by foreign religions, incorporating them into their rites and liturgical celebrations. Because of this, they considered them to be pagans. The Jews did not speak, nor did they have any contact, with the Samaritans. That is why, when the apostles returned and saw Jesus speaking to the Samaritan woman, they were surprised and intrigued. They could not believe that the Master would be speaking with a Samaritan woman.

In Sicar there was a well that had been used by the village for centuries. When Our Lord arrived in the village, after a long journey walking over the dusty roads of the region, it was around midday. He was tired and he sat down on the edge of the well. But, in spite of being tired, he picked that place and that time to make himself know, as the promised Messiah, to the Samaritans. It was in this place, among the Samaritans, that Jesus proclaimed for the first time that he is the only font of eternal life. He told the Samaritan woman, "whoever drinks of this water will be thirsty again but whoever drinks the water I shall give will never be thirsty again."

The Lord used water as an image to talk about the grace that flows from the divine font that is his crucifixion and death. Jesus told the woman that the water that he gives is living water. The people of the Middle East distinguish between dead water, or well water, and the living water that flows from a spring. The Jewish people always remembered the living water that burst forth from the rock at Horeb when Moses struck it with his staff in the desert and from which the Hebrew people drank in abundance until they were sated. Whoever drinks of the water that the Lord gives will not be thirsty again. Upon drinking it, they will be able to overcome the desire to fill their lives with perishable goods. Jesus came to give us life in the spirit. That life begins when, in the waters of Baptism, we are purified of all sin. In that water, we find the road that leads to eternal life. Jesus said, "all those who are thirsty… come to the (living) water." He offers us salvation and he tells us that he is the only one who can satisfy our thirst for God. We Christians, like the Samaritan woman, have a thirst for God. And, like her, we constantly pray to Jesus: "Lord, give me this water, so that I may not be thirsty…." Many people try to satisfy that thirst through false gods such as money, power, drugs and drink. But all of those things, and others that life offers, are fonts of dead and stagnant water. When we drink of them we are sickened by sin.

The Gospel Reading should remind us of the water that burst forth from the Heart of the Crucified Jesus. It is living water of love and of pardon that flowed together with the blood of reconciliation. The water and the blood that sprang from the Heart of Jesus is proof of his love for us. From the Cross, Christ silently says to us, "Whoever is thirsty should come to me and drink." Blessed are they who drink the living water that the Lord gives! Let us humbly draw near to Jesus and confidently say to him, "Give us, Lord, of that living water, now and forever."

Cuarto Domingo de Cuaresma
Ciclo A
Lecturas: 1)1 Samuel 16,1. 6-7. 10-13a 2) Efesios 5, 8-14 3) Juan 9,1-41

Este domingo es especial. Y también debe ser alegre. Los cristianos siempre debemos estar alegres, con ganas de dar una sonrisa o una palabra cariñosa. Hoy es Domingo "Laetare", que en Latín quiere decir, "alégrate". La liturgia de hoy nos pide que nos alegremos porque nos estamos acercando a la Pascua. Estamos a mitad de la Cuaresma. Y durante este tiempo, la austeridad de la temporada se nota en la Iglesia y en los feligreses. Cuaresma es tiempo de penitencia, tiempo de prepararnos, limpiándonos de cualquier inmundicia y pecado, para que ya, completamente limpios, podamos esperar al Señor en su gloriosa Resurrección. Este domingo, aunque es Cuaresma, es un domingo diferente. Incluso, si hoy se quiere, puede ponerse flores en la iglesia, como muestra de alegría, algo que no se puede hacer en ningún otro domingo de Cuaresma.

El Evangelio nos narra que Jesús curó a un ciego de nacimiento. A pesar de que curaba enfermos, no solamente de cuerpo sino también de alma, los Fariseos y los Escribas siempre le vigilaban y criticaban. Le reprochaban que acogiera a los pecadores. El motivo era que estaban envidiosos de Él y lo veían como una amenaza. Jesús les estaba haciendo sentir menos importantes. El motivo que andaban tras cogerlo en algo para denunciarlo, es que no podían soportar ver que cada día aumentaba el número de personas que le seguían.

Siempre hubo, y hay, personas que todo lo interpretan a su manera. Todo lo ven por lo malo. Cuando juzgan, les sale la propia maldad. Los Fariseos se acercaban a Jesús pero no era para escuchar su palabra o aprender de lo que Él decía. Se acercaban a Él para cogerlo en alguna palabra o gesto que iba en contra de la Ley de Moisés. Trataban de decir que era impuro. Según la Ley, cualquier persona que hablaba ó comía con impuros era también impura y debía ser denunciada a las autoridades religiosas. El Señor era judío y conocía esta Ley y esta manera de pensar. Sin embargo, no se enfadó con los Fariseos. Fue paciente, como siempre lo era, e intentó enseñarles la gran misericordia de Dios.

Hay personas que se asemejan mucho a los Fariseos. En cualquier sitio donde se encuentran se consideran más puros, más intachables y mejores que los otros. ¿Qué harían estas personas si pudieran verse con los mismos ojos que los vemos nosotros? Verían su hipocresía y su manera de ir marginando a los demás. El Señor nunca bendice a personas que actúan así. Será bueno que los Fariseos modernos recapaciten sobre sus actitudes. Quizás meditando sobre sus propias vidas puedan cambiar su modo de vivir.

Un ser humano solamente podrá mejorar su vida si decide reflexionar sobre cómo es como persona, si está creciendo en lo espiritual ó va retrocediendo. En realidad lo que se debe hacer es lo que llamamos examen de conciencia, una práctica perfecta siempre, pero mucho más durante estos días de Cuaresma. Claro está, que debe ser con el propósito de pedir perdón, si se ha ofendido, y mejorar. Para arrepentirnos necesitamos contemplar seriamente nuestras acciones con valentía y honestidad, reconociendo sinceramente que somos pecadores y que necesitamos, a menudo, pedir perdón. Primero, a nuestro Padre Celestial y, después, a cualquier persona que hayamos ofendido.

Lo que Dios espera de nosotros es que aprendamos a pedir perdón y a perdonar.

Fourth Sunday of Lent
Cycle A

Readings: 1) 1 Samuel 16:1, 6-7, 10-13 2) Ephesians 5:8-14 3) John 9:1-41

This Sunday is special. And it should also be joyful. We Christians should always be joyful, willing to smile and say a kind word. Today is "Laetare" Sunday, which in Latin means "be joyful." The liturgy today tells us that we should be joyful because we are approaching Easter. We are at the midpoint of Lent. And during these days, the austerity of the season can be discerned in the Church and in parishioners. Lent is a time of penance, a time to prepare ourselves, cleansing ourselves of any filth and sin, so that, completely cleansed, we can await the Lord in his glorious Resurrection. This Sunday, even though it is Lent, is a different Sunday. If we want to, today we can even have flowers in the church, as a sign of our joy, something that cannot be done on any other Sunday of Lent.

The Gospel Reading tells us that Jesus cured a man who was born blind. In spite of curing the sick, not only in body but also in spirit, the Pharisees and the Scribes were always observing and criticizing him. They accused him of consorting with sinners. The reason was that they were envious of him and they saw him as a threat. Jesus was making them feel less important. The reason that they were trying to catch him doing something so that they could accuse him, was that they could not stand that every day there were more people following him.

There always has been, and there are, people who take everything the wrong way. They see everything as being bad. When they judge, their own evilness comes out. The Pharisees approached Jesus not to listen to his words or to learn from what he said. They remained close to him to see if they could catch him through some word or gesture that would be counter to the Law of Moses. They tried to say that he was impure. According to the Law, anyone who talked to or ate with impure people became impure and had to be reported to the religious authorities. The Lord was a Jew and he knew this Law and this way of thinking. Nevertheless, he did not get angry with the Pharisees. He was patient, as he always was, and he tried to show them the greatness of the mercy of God.

There are people who are very much like the Pharisees. Wherever they are, they consider themselves to be purer, the more unblemished and better than others. What would these people do if they could see themselves with the same eyes with which we see them? They would see their hypocrisy and their way of shoving others aside. The Lord never blesses people who act that way. It would be good if modern day Pharisees would meditate on their own attitudes. Maybe by meditating on their own lives they would change their way of living.

A person can only better his or her life after deciding to reflect on how he or she is doing, as a person, if they are growing spiritually or going backwards. In reality, what they should be doing is what we call an examination of conscience, a perfect practice always, but much more during these days of Lent. Of course, this should be done with the determination to ask for forgiveness, if offense has occurred, and to improve. In order for us to repent we need to think seriously about our actions with courage and honesty, recognizing sincerely that we are sinners and that we need, often, to ask for forgiveness. First, to our Heavenly Father, and then to any person we may have offended.

What God expects of us is that we learn how to ask for forgiveness and how to forgive.

Quinto Domingo de Cuaresma
Ciclo A

Lecturas: 1) Ezequiel 37,12-14 2) Romanos 8, 8-11 3) Juan 11,1-45

Ya hemos llegado al Quinto Domingo de Cuaresma y nos estamos aproximando a la Semana Santa. La Iglesia nos ruega que los días que quedan hasta el Domingo de Resurrección sean para nosotros de recogimiento, penitencia y ayuno. Es aconsejable no dejar pasar estos días cuaresmales sin un mejoramiento espiritual. Muchos cristianos ya se habrán preparado, yendo al confesionario y haciendo una buena confesión. Otros, un poco más tardíos, se estarán preparando en estos días para confesarse. Pero también habrá cristianos que no se están preparando, ni se prepararán, porque para ellos la Cuaresma no tiene ningún significado. Es como cualquier otra temporada del año. Así que no piensan que es tiempo para renovar las conciencias, los criterios y las actitudes. Y no ven, o no quieren ver, que estos son días para reflexionar sobre nuestra caducidad humana.

Poco a poco nos estamos aproximando a la Pascua, tiempo perfecto para la conversión, el arrepentimiento y el rechazo al pecado. Si dejamos pasar estos días sin examinarnos, sin arrepentirnos, sin confesar nuestros pecados, la Pascua nunca se convertirá en una realidad. Pasará esta Cuaresma, Semana Santa y Pascua de Resurrección pero será solamente una temporada de ritos vanos y vacíos, sin ningún sentido. Nuestra fe se quedará estancada, sin crecimiento y, de esa forma, no habrá manera de crecer en Cristo.

El Evangelio de hoy nos habla de la muerte y resurrección de Lázaro. Admitir y aceptar la muerte puede ser duro para muchas personas que, como no piensan en ella, tampoco se preparan para ese momento crucial. Hay personas que no solamente les cuestan aceptar la muerte sino que ni siquiera quieren oír hablar de ella. Reaccionar así, ante algo tan palpable, es contraproducente. De todos modos, se acepte o no, nuestro final es seguro. Así que será mejor pedir a Dios ayuda para aceptarla e ir quitando, poco a poco, ese respeto, o miedo, que a muchos les causa.

Cuando Jesús llegó a Betania, Lázaro llevaba cuatro días sepultado. Con este milagro que hizo Jesús, resucitando a su amigo, enseñó a los Apóstoles, y a todos los que se encontraban allí reunidos, la gloria de Dios. E hizo que muchos judíos, que se habían reunido en casa de María y Marta para consolarlas, se arrepintieran y creyeran en Él.

Sería, para cualquiera de nosotros, una terrible equivocación dejar pasar este tiempo litúrgico desaprovechándolo. Despertémonos de ese letargo que a veces nos hace permanecer en pecado. Hay que pedir a Cristo que nos ilumine para reconocer, con sinceridad, nuestras faltas y no justificarlas ante nosotros mismos. Todos somos pecadores. La diferencia está en que unos, cuando cometen pecado mortal, sin demora van al confesionario. Otros, cuando caen en pecado mortal, se desentienden y no se confiesan. Todos tenemos que hacer, de vez en cuando, limpieza de conciencia, una puesta a punto espiritual. Quitemos nuestros pecados, limpiemos nuestras almas, porque los que viven en pecado están sometidos a un grave riesgo. Están jugando nada menos que con su propia salvación.

No olvidemos que todos contamos con la ayuda del Señor, que nunca nos abandona y siempre nos perdona, si recurrimos a Él. Que este tiempo de penitencia y reconciliación nos anime a pensar y a obrar con rectitud de conciencia.

Fifth Sunday of Lent
Cycle A

Readings: 1) Ezekiel 37:12-14 2) Romans 8:8-11 3) John 11:1-45

We have now reached the Fifth Sunday of Lent and we are getting closer to Holy Week. The Church asks us to make those days that remain until Easter Sunday days of meditation, penance and fasting. We should not let these Lenten days go by without spiritual progress. Many Christians have already prepared themselves, going to confessional and making a good confession. Others, a little behind schedule, are preparing during these days to go to confession. But there are probably other Christians who are not prepared, nor will they prepare, because for them Lent does not mean anything. It is like any other time of the year. So they don't think that it is a time for renewing our consciences, our criteria and our attitudes. And they don't see, or they don't want to see, that these days are for reflecting on the frailty of our human life.

Little by little we are getting closer to Easter, a perfect time for conversion, repentance and rejection of sin. If we let these days go by without examining ourselves, without repenting, without confessing our sins, Easter will never become a reality. Lent, Holy Week and Easer Sunday will go by but it will only be a season of vain and empty rites, without meaning. Our faith will remain stagnant, without growth and, because of this, there is no way that we can grow in Christ.

The Gospel Reading today talks to us about the death and resurrection of Lazarus. Admitting and accepting death can be hard for some people who, since they do not think about it, do not prepare themselves for that critical moment. There are people who not only find it hard to accept death, they don't even want to hear or talk about it. Reacting that way, in the face of something that is so obvious, is counterproductive. One way or the other, whether we accept it or not, our end is sure. So it would be better to ask God for help in accepting it and begin to overcome, little by little, that respect, or fear, that it causes in many people.

When Jesus arrived in Bethany, Lazarus had been buried four days. With this miracle that Jesus performed, resurrecting his friend, he showed the apostles, and all of those who were gathered there, the glory of God. And he ensured that many Jews, who had gathered in Mary and Martha's house to console them, repented and believed in him.

It would be, for any of us, a terrible mistake to let this liturgical season go by without taking advantage of it. Let us awaken from the lethargy that at times makes us remain in sin. We must ask Christ to enlighten us so that we can recognize, sincerely, our faults and not justify them to ourselves. We are all sinners. The difference is that some, when they commit a mortal sin, do not wait before going to confession. Others, when they fall into mortal sin, act as if nothing happened and do not go to confession. All of us have to make, from time to time, an examination of conscience, get a spiritual tune up. Let us shed our sins; let us clean our souls, because those who live in sin are in grave risk. They are playing with nothing less than their own salvation.

Let us not forget that we can all count on the Lord's help. That he never abandons us and always pardons us, if we go to him. May this season of penance and reconciliation encourage us to think and act with a right conscience.

Domingo de Ramos en la Pasión del Señor
Ciclo A
Lecturas: 0) Mateo 21,1-11 1) Isaías 50, 4-7 2) Filipenses 2,6-11 3) Mateo 26,14-27,66

Hoy celebramos el Domingo de Ramos. Las palmas bendecidas son un símbolo que nos enseña dos cosas que quizás nos parezcan un poco contrapuestas. Son el triunfo y el martirio de Nuestro Señor Jesucristo.

Esta es la única Misa del año litúrgico que tiene dos Evangelios. Uno de ellos se lee antes de entrar a la Iglesia en procesión. El otro se lee durante la Misa como cualquier domingo. En el primero de los Evangelios, San Mateo dice que Jesús y sus discípulos se dirigen hacia Jerusalén pasando por Betfagé, un pueblo cercano al Monte de los Olivos. Eran días anteriores a la Pascua y de camino encontraron a mucha gente que se dirigía hacia Jerusalén para celebrar la Pascua y se les unieron. El Señor envió a dos de sus discípulos a una aldea que estaba enfrente de ellos. Les dijo que allí encontrarían una borrica atada con su pollino. Y les dijo, "Desatadlos y traédmelos". Cuando regresaron, los Apóstoles echaron encima de la borrica sus mantos y Jesús se montó y siguieron camino hacia la Ciudad de David.

En los tiempos de Jesús era costumbre que los ciudadanos de la ciudad de Jerusalén salieran al encuentro de los grupos de peregrinos. Se agolpaban para unirse con ellos y entrar juntos a la ciudad. De camino había fiesta y, en este caso, algunos cortaron ramas de olivo, o de cualquier árbol, y, agitándolas, vitoreaban al Señor. Él no se opuso a esta manera de entrar en Jerusalén. Entró victorioso entre cánticos y palmas. Hubo fiesta y júbilo. Pero Jesús estaba triste. Sabía que muchos de los que le estaban aclamando, días después, le iban a traicionar, gritando, "crucifícalo".

Nosotros también hemos entrado a la iglesia a celebrar la Santa Misa en procesión, con ramos, cánticos y júbilo, festejando la entrada triunfal de Nuestro Señor en Jerusalén. Luego, saldremos de la Misa también un poco tristes. Habremos escuchado en el segundo Evangelio, el triste relato de la pasión y muerte de Jesús en la Cruz. Hoy pasamos de la dulce alegría a la amarga tristeza. Este contraste nos invita a la meditación, preparándonos para la Semana Santa durante la cual conmemoraremos el itinerario de la pasión y muerte de Nuestro Señor Jesucristo en la Cruz.

Durante estos días de Semana Santa, si no lo hemos hecho durante los días de Cuaresma, debemos meditar si estamos siguiendo a Cristo a la ligera o con dignidad. Y debemos plantearnos, si le vamos a seguir seriamente o solamente hasta que pasen estos días de Semana Santa y Domingo de Resurrección. Porque cada año, por esta época, vemos muchas caras nuevas que después desaparecen hasta el próximo año en Semana Santa.

Seguir a Cristo debe ser todos los días del año, en lo bueno y en lo malo. No se puede seguir a Cristo si solo se va a la iglesia una o dos veces al año. No podemos comportarnos como el grupo que entró con el Señor en Jerusalén vitoreándole y, pocos días después, traicionándole. Seamos sinceros y constantes en nuestro amor a Dios.

Palm Sunday in the Passion of the Lord
Cycle A

Readings: 0) Matthew 21:1-11 1) Isaiah 50:4-7 2) Philippians 2:6-11 3) Matthew 26:14-27:66

Today we celebrate Palm Sunday. The palms that were blessed are a symbol that shows us two things that may appear to us to run counter to each other. They are the triumph and the martyrdom of Our Lord, Jesus Christ.

This is the only Mass during the liturgical year that has two Gospel Readings. One of them is read before the entry into the church in procession. The other is read during the Mass as on any Sunday. In the first of the Gospel Readings, Saint Matthew tells us that Jesus and his disciples were on their way to Jerusalem passing through Bethpage and Bethany, towns that are close to the Mount of Olives. It was during the days prior to Passover and on the road they encountered many people who were on their way to Jerusalem to celebrate it and they joined them. The Lord sent two of his disciples to a nearby village. And he told them that there they would find a burro tied up with her colt beside her. Then he said, "Untie them and bring them to me." When they returned, Jesus mounted up and they continued their journey to the City of David.

In Jesus' times, it was customary for the citizens of Jerusalem to go out to meet groups of pilgrims. They ran to join them and enter the city together. On the road there was celebration and, on this occasion, some people cut down branches from olive trees, or other trees, and, waving them, they cheered for the Lord. He did not oppose this way of entering into Jerusalem. He entered victoriously accompanied by singing and palms. There was a joyous celebration. But Jesus was sad. He knew that many of those who were acclaiming him, several days afterwards, would betray him, shouting, "Crucify him."

We also have entered into church to celebrate the Holy Mass in procession, with palms, songs and joy, celebrating the triumphant entry of Our Lord into Jerusalem. Later, we will leave Mass a little sadder. We will have heard in the Second Gospel Reading the sorrowful recounting of the passion and death of Jesus on the Cross. Today we go from sweet joy to bitter sadness. This contrast invites us to meditate, to prepare for Holy Week during which we will commemorate the passion and death of Our Lord Jesus Christ on the Cross.

During these days of Holy Week, if we have not done so during the days of Lent, we should meditate on whether we are following Christ sloppily or with dignity. And we should make up our minds if we are going to follow him seriously or only until the days of Holy Week and Easter Sunday go by. Because every year, around this time of the year, we see many new faces that afterwards disappear until next year's Holy Week. Following Christ should be every day of the year, in good times and bad times. We cannot follow Christ if we only go to church once or twice a year. We cannot behave like the group that entered with the Lord into Jerusalem praising him and, a few days later, betrayed him. Let us be sincere and constant in our love of God.

Domingo de Pascua
Ciclo A

¡Cristo ha resucitado! ¡Aleluya!

La palabra, "aleluya", significa "alaba a Dios". ¡Dichosos serán los que le siguen y le alaban! Ningún otro acontecimiento ha sido reconocido y registrado en la historia del mundo comparable al que tuvo lugar aquella mañana del Domingo de Resurrección cuando las mujeres descubrieron que el sepulcro de Nuestro Señor estaba vacío. Sin embargo, la gloriosa Resurrección de Nuestro Salvador, Jesucristo, solamente puede ser reconocida por la fe. Con la Resurrección de Cristo nace una nueva etapa en la historia salvífica de la humanidad, un nuevo capítulo en la historia del amor que Dios siente por nosotros.

Los Apóstoles, Pedro y Juan, avisados por las mujeres, que fueron las primeras en descubrir este gran acontecimiento, llegaron corriendo, casi sin aliento, hasta el sepulcro vacío de Jesús. Juan llegó primero porque era más joven que Pedro. San Juan enfatiza en su Evangelio que no debemos temer, que el Señor está con nosotros. Los discípulos que comprobaron que el sepulcro estaba vacío pasaron del más angustioso momento de miedo a la más excitable alegría. ¡Jesús no estaba allí! Así que había resucitado, como dijo.

Los Cristianos siempre debemos tener presente que la Resurrección de Cristo no es solamente un hecho histórico, como muchos lo pintan. Ya hace más de dos mil años que este hecho grandioso ocurrió. Cada cristiano tiene que ver, en este hecho, el misterio de la redención del género humano y, por consiguiente, nuestra propia redención. Jesucristo vive hoy, y cada día de nuestra vida, con nosotros. Al resucitar, cambió radicalmente la historia de la humanidad, cambió todo el sentido de la fe y la religiosidad del pueblo de Dios. Esta Resurrección gloriosa y triunfante de Cristo confirma, palpablemente, todo lo que había dicho, hecho y enseñado durante toda su vida aquí en la tierra. Y nos confirma aún mucho más: su autoridad, su proveniencia divina y también su poder absoluto sobre la muerte y la vida. Lo había prometido. Y cumplió con su promesa.

A nivel personal, los cristianos tenemos siempre, y especialmente hoy, gran motivo para alegrarnos. Esta triunfante Resurrección de Nuestro Señor nos muestra dos aspectos del Misterio Pascual que son primordiales para nuestra vida personal. El Pregón Pascual nos ha afirmado que, con su Resurrección, Cristo nos salvó de la oscuridad del pecado. Nos ha dado la oportunidad de compartir el amor de Dios, que es la gracia del Espíritu Santo. Algunos cristianos no cogen esta oportunidad. Siguen en pecado y se justifican ellos mismos aferrándose, cada día más, a esa vida de pecado, despreciando el concepto de la sobreabundancia de gracia y la misericordia de Dios. Se disculpan diciendo, "Dios perdona todo". De esa manera caminan por la vida tranquilos, almacenando pecado tras pecado. Claro está, que Dios perdona todo, pero para que lo haga hay que pedirle perdón. Tiene que haber propósito de enmienda. No se puede ir a confesar por la mañana y por la tarde o la noche volver al pecado. La misericordia de Dios es infinita. Pero cuidado con reírnos de Él, haciendo nuestro propio antojo, despreciando sus mandamientos y sus enseñanzas.

La celebración del día de hoy, la Resurrección Gloriosa de Nuestro Señor, Jesucristo, nos invita a transformarnos, a intentar superarnos en lo espiritual cada día, a ser respetuosos y constantes en nuestro compromiso con Él

Easter Sunday
Cycle A

Christ has risen! Alleluia!

The word, "alleluia," means "praise God." Happy are those who follow him and praise him! No other event has been recognized and recorded in the history of the world comparable to the one that took place on that morning of Easter Sunday when the women discovered that the tomb of Our Lord was empty. Nevertheless, the glorious Resurrection of Our Savior, Jesus Christ, can only be recognized, as such, through faith. With the Resurrection of Christ is born a new era in the salvation history of humanity, a new chapter in the history of love that God feels for us.

The apostles, Peter and John, advised by the women who were the first ones to discover this great event, ran up, almost out of breath, to the empty tomb of Jesus. John arrived first because he was younger than Peter. Saint John emphasizes in his Gospel that we should not fear, that the Lord is with us. The disciples who verified that the tomb was empty went from the most heartbreaking moments of fear to the most excited joy. Jesus was not there! So he had arisen, as he said he would.

We Christians should always remember that the Resurrection is not only an historic event, as many say it is. More than two thousand years have passed since this great event took place. Each Christian has to see, in this event, the mystery of the redemption of the human race and, therefore, our own redemption. Jesus Christ lives today, and every day of our lives, with us. When he rose from the dead, he radically changed human history; he changed the course of faith and religion of the people of God. This glorious and triumphant Resurrection of Christ confirms, clearly, all that he said, did and taught during his life here on earth. And it confirms even more: his authority, his divine origin and his absolute power over death and life. He promised he would do it. And he kept his promise.

On a personal level, we Christians have always had, but especially today, a great reason to be joyful. This triumphant Resurrection of Our Lord shows us two aspects of the Paschal Mystery that are fundamental for our personal lives. The Easter Proclamation has confirmed to us that, by his Resurrection, Christ saved us from the darkness of sin. And he has given us an opportunity to share in the love of God, which is the grace of the Holy Spirit. Some Christians do not take advantage of this opportunity. They continue to sin and they justify their actions embracing, more and more every day, that life of sin, scorning the concept of the super abundance of grace and the mercy of God. They justify themselves by saying, "God forgives everything." In this way they go on with their lives calmly, piling up sin after sin. Of course, God does pardon every sin, but, in order for this to happen, pardon must be sought. There has to be a resolution to change. One cannot confess in the morning and by the afternoon or the evening return to sinning. The mercy of God is infinite. But let us be careful not to try to deceive him, doing what we choose to do, scorning his commandments and his teachings.

Today's celebration, the Glorious Resurrection of Our Lord, Jesus Christ, is an invitation to transform our lives, to try to better our spiritual lives every day, to respect and be true to the promises we have had to him.

Segundo Domingo de Pascua
Ciclo A

Lecturas: 1) Hechos 2, 42-47 2) 1 Pedro 1, 3-9 3) Juan 20,19-31

Tal día como hoy, Segundo Domingo de Pascua, hace dos mil años, fue un día de muchos acontecimientos y de mucha alegría para la pequeña comunidad que seguía a Cristo. Después de pasar horas y días en una tristeza desconsoladora, les llegó la gran noticia del triunfo de su Maestro, Jesucristo, que, con su poder, había vencido a la muerte. En la mañana, muy temprano, se les apareció a las mujeres y, ellas, admiradas y llenas de gozo, se apresuraron a ir a contar la gran noticia a la comunidad. Durante ese mismo día, pero más tarde, Jesús se presentó en el Cenáculo y poniéndose en medio de los Apóstoles les dijo, "Paz a vosotros". Fue en ese instante que comprobaron la veracidad de lo que les había dicho el Maestro. En esa ocasión Tomás no se encontraba con ellos. Así que no pudo ver a Cristo Resucitado.

El Evangelio de hoy nos habla de Tomás y de su gran fe. A pesar de haber dudado, fue un gran Apóstol de Cristo. Siempre le demostró su gran fidelidad. El día de Viernes Santo, Tomás sufrió terriblemente cuando se enteró de la terrible muerte que padeció Jesús en la Cruz. Después, el mismo sufrimiento, le hizo dudar y hasta que no vio a Cristo Resucitado no se recuperó del trauma. Hoy, hace más de dos mil años, el Señor se presentó nuevamente en el Cenáculo diciendo, "Paz a vosotros". Ese día, Segundo Domingo de Pascua, Tomás sí se encontraba en el Cenáculo y pudo comprobar, con sus propios ojos, la veracidad de lo que le habían contado. El Señor, mostrándole las llagas, le dijo, "Trae tu dedo, aquí tienes mis manos; trae tu mano y métela en mi costado; y no seas incrédulo, sino creyente". Fue cuando Tomás, lleno de arrepentimiento y, a la vez, lleno de alegría, dijo, "Señor mío y Dios mío". Lo dijo con ese amor del que sabe que nunca más sentirá la amargura de la separación de Cristo. Él sabía que su Maestro debía volver al Padre y que los iba a dejar. Ver al Señor Resucitado llenó a Tomás de fe. Y creyó firmemente en las palabras que les dijo, "No os dejaré huérfanos: vendré á vosotros". (Jn 14, 18)

Hoy en día, la incredulidad es lo que dejan ver muchos seres humanos. Hay algunos que argumentan que la fe que encuentran en la Iglesia Católica es una fe que no les dice nada. Así que abandonan la Iglesia que fundó Cristo, en la que tienen a Jesús presente en el Santísimo Sacramento, y se van buscando una iglesia o secta donde tampoco encuentran lo que buscan. Es imposible que lo encuentren. Demuestran que no tienen fe, que no creen en Cristo ni en su Resurrección. Para estas personas Cristo no ha resucitado. Para ellos, es como si aún siguiera muerto. Debemos pedir a Dios por ellos para que les ayude a recapacitar y puedan ver que ya se encontraban en la verdadera Iglesia de Cristo y que cometieron un terrible error. La dejaron. Pidamos a Dios para que les ayude a que un día puedan regresar.

El Evangelio nos ha mostrado el amor y la fidelidad que Santo Tomás sentía por Cristo. El Señor pasó cuarenta días con los Apóstoles antes de ascender al cielo. Después, ellos comenzaron a esparcir la Palabra en diferentes lugares. Tomás predicó en la India. Allí sufrió el martirio por Cristo, al que tanto había amado. Los cristianos de la India, aún hoy, se autodenominan, "Los Cristianos de Santo Tomás". Todos necesitamos pedir al Señor que aumente nuestra fe, como se la aumentó a Tomás. Debemos pedirla cada día. Es fácil. Digamos, como lo hicieron los Apóstoles, "Señor, aumenta nuestra fe" (Lc 17,5).

Second Sunday of Easter
Cycle A

Readings: 1) Acts 2:42-47 2)1 Peter 1:3-9 3) John 20:19-31

A day much like today, the Second Sunday of Easter, two thousand years ago, was a day of many happenings and much joy for the small community of people who followed Christ. After spending hours and days in constant sorrow, they heard the great news of the triumph of their Master, Jesus Christ, who, with his power, had conquered death. In the morning, very early, he appeared to the women and they, excited and filled with joy, hurried to tell the great news to the community. During that same day, but later, Jesus appeared in the Cenacle among the apostles and said to them, "Peace be with you." This was the moment in which they confirmed the truth of what they had been told about the Master. When this happened, Thomas was not among them. So he did not see the Risen Christ.

The Gospel Reading today talks to us about Thomas and his great faith. In spite of having doubted, he was a great apostle for Christ. He always showed great faith. On Good Friday, Thomas suffered terribly when he found out about the horrendous death that Jesus had suffered on the Cross. Afterwards, his own suffering made him doubt and until he saw the Risen Christ he did not recover from his trauma. On a day like today, more than two thousand years ago, the Lord appeared again in the Cenacle saying, "Peace be with you." That day, the Second Sunday of Easter, Thomas was in the Cenacle and he could confirm, with his own eyes, the truth of what they had told him. The Lord, showing him his wounds, said to him, "Put your finger here, here are my hands; place your hand here, in my side; and do not be unbelieving but believe." That was when Thomas, with remorse, said, "My Lord and my God." He said it with that love that is felt by those who know that they will never again feel the bitterness of being separated from Christ. He knew that his Master had to return to the Father and that he would leave them. Seeing the Risen Lord filled Thomas with faith. Then he firmly believed the words that he had said to them, "I will not leave you orphans, I will come to you." (Jn 14:18)

Today, incredulity is what we see in many people. There are some who argue that the faith that they find in the Catholic Church is a faith that does not fulfill them. So they abandon the Church that Christ founded, in which Jesus is present in the Blessed Sacrament, and they go in search of another church or sect where they likewise do not find what they are looking for. It is impossible for them to find it. They show that they do not have faith, that they do not believe in Christ or in his Resurrection. For these people it is as if Christ had not risen from the dead. For them, it is as if he was still dead. We should pray to God for them that he might help them to change their minds and see that they were already in the true Church of Christ and that they committed a terrible error. They left it. Let us ask God to help them to return one day.

The Gospel Reading shows us the love and faithfulness that Saint Thomas felt for Christ. The Lord spent forty days with the apostles before he ascended into heaven. Afterwards, they began to sow the Word in different places. Thomas preached in India. There he suffered martyrdom for Christ, whom he loved so much. The Christians of India, even today, still call themselves, "Saint Thomas' Christians." We all need to ask the Lord to strengthen our faith, as he strengthened Thomas'. We should ask him to do so daily. It is simple to do. Let us say, as the apostles did, "Lord, increase our faith." (Lk 17:5).

Tercer Domingo de Pascua
Ciclo A

Lecturas: 1) Hechos 2,14. 22-28 2)1 Pedro 1,17-21 3) Lucas 24,13-35

El Evangelio nos dice que el mismo Domingo de Pascua, por la tarde, dos de los discípulos iban andando a un pueblecito llamado Emaús. Regresaban de Jerusalén. Estaban tristes y, entre ellos, hablaban de los acontecimientos ocurridos durante la semana anterior. Estaban hablando sobre la muerte trágica y terrible del Maestro. Y también hablaban del sepulcro vacío.

Muerto Jesús, todos sus discípulos estaban pasando por una grave prueba. Le habían escuchado muchas veces prometerles que Él resucitaría al tercer día. Y también habían escuchado, ese mismo día, a las mujeres decir que al ir muy de mañana al sepulcro lo encontraron vacío. La conversación de estos dos discípulos giraba sobre Cristo. Pero no estaban hablando de Él en presente, sino en pasado. Mientras iban conversando y discutiendo entre ellos, se les acercó un desconocido que también iba de camino. No se percataron que era el Señor y siguieron hablando, ya que la conversación era muy importante para ellos. Aún no podían creer que Jesús, como dijo, había resucitado.

El desconocido, que era Jesús, les preguntó, "¿Qué conversación es esa que traéis mientras vais de camino?" Le explicaron todo lo que había sucedido en Jerusalén y les extrañó que no supiera sobre los hechos. Entonces, aprovechando la conversación, el Señor les habló sobre las escrituras, explicándoles todo lo que decían sobre Él. Estaba tratando de devolverles, no solamente la fe, sino la esperanza. Se admiraron del conocimiento profundo que tenía esa persona sobre las escrituras y se sintieron cómodos con Él. Entonces le dijeron "Quédate con nosotros, porque cae la tarde y se termina el día."

Al igual que los dos discípulos que caminaban a Emaús, nosotros a veces también olvidamos que Jesús ha resucitado, que está vivo, que está a nuestro lado. Puede ser que nosotros también nos encontramos desalentados y sin fuerzas para resolver las dificultades que nos trae la vida. En esas ocasiones debemos pedir ayuda de Jesús manteniéndonos cerca de Él.

La razón más principal de las apariciones de Jesús a los discípulos después de su Resurrección fue para fortalecerlos en la fe. Su pasión y muerte les había dejado decaídos y sin esperanza. Tenía que levantarles el ánimo porque debían terminar la gran misión de evangelización a la que estaban destinados. Puede extrañar que los discípulos que habían convivido con Cristo, y que tanto les había enseñado, se dejaron desanimar. Pero debemos recordar que para la primera comunidad cristiana en Jerusalén, la Resurrección era un hecho tan trascendental que aún no habían tenido suficiente tiempo para aceptarla. Los cristianos de ahora tenemos una gran ventaja sobre la comunidad de aquellos tiempos. La Iglesia Católica, al recopilar las escrituras que forman parte de la Biblia, nos ha legado una fuente rica en información sobre los hechos del Antiguo y el Nuevo Testamento referente a toda la vida de Nuestro Salvador. Si alguien no cree en Jesús, no será por falta de información sobre su vida, muerte y resurrección, será por falta de fe.

Recordemos siempre, pero especialmente durante la temporada pascual, que la fuerza vital de la vida cristiana es la Resurrección de Cristo. Cuando recibimos la Santa Comunión en estado de gracia recibimos esa misma fuerza que es tan necesaria para salvarnos en medio de todas las dificultades y tentaciones que nos da el mundo.

Third Sunday of Easter
Cycle A

Readings: 1) Acts 2:14, 22-28 2) 1 Peter 1:17-21 3) Luke 24:13-35

The Gospel Reading tells us that on Easter Sunday, in the afternoon, two of the disciples were walking to a small town called Emmaus. They were returning from Jerusalem. They were sad and they were talking about what had occurred during the week that had just ended. They were talking about the tragic and terrible death of the Master. And they also talked about the empty tomb.

When Jesus died all of the disciples went through a trying time. Many times they had heard him promise that he would rise on the third day. And they had also heard the women, during this same day, say that they had gone to the tomb early in the morning and had found it to be empty. The conversation that these two disciples had concerned Christ. But they were not talking about him in the present tense but in the past. While they were talking and arguing, a stranger came up to them who was also walking along. They did not see that it was the Lord and they continued to talk, since the conversation was very important to them. They still could not believe that Jesus, as he said, had risen from the dead.

The stranger, who was Jesus, said to them, "What are you talking about as you walk along?" They explained to him all that had occurred in Jerusalem and they were surprised that he had not heard about what had happened. Then, taking advantage of the conversation, the Lord talked to them about Scripture, explaining to them everything that it said about him. He was trying to return to them, not only their faith, but also their hope. They were impressed by his deep knowledge of Scripture and they felt comfortable with him. Then they said to him, "Stay with us for evening falls and the day is ending."

Just like the two disciples who were walking to Emmaus, we also sometimes forget that Jesus has risen from the dead, that he is alive, that he is at our side. It could be that we also find that we are despondent and without the strength to resolve the difficulties that life brings us. When this happens we should ask Jesus to help us, staying close to him.

The principle reason for the apparitions of Jesus to the disciples after the Resurrection was to strengthen their faith. His passion and death had left them crestfallen and without hope. He had to lift up their spirits because they had to finish the great mission of evangelization to which they were called. It could seem strange that the disciples who had lived with the Christ, who had taught them so much, would feel disheartened. But we should remember that for the first Christian community in Jerusalem, the Resurrection was a transcendental event and they had not had enough time to accept it. Christians today have a great advantage over the community of those times. The Catholic Church, when she brought together the scriptures that make up the Bible, left us a rich font of information, in the Old and New Testament, referring to the life of Our Savior. If someone does not believe in Jesus, it is not because of a lack of information about his life, death and resurrection; it is because of a lack of faith.

Let us remember always, but especially during this Easter Season that the vital force behind Christian life is the Resurrection of Christ. When we receive Holy Communion in a state of grace we receive that same force which is so necessary to save us amidst the difficulties and temptations of this world.

Cuarto Domingo de Pascua
Ciclo A

Lecturas: 1) Hechos 2,14. 36-41 2)1 Pedro 2, 20-25 3) Juan 10,1-10

Durante su vida pública, Jesús solía usar ejemplos de la vida cotidiana de su tiempo para explicar cómo era el Reino de Dios. Nos dice, en el Evangelio que acabamos de escuchar, que Él es como un pastor que protege a sus ovejas y no las abandona nunca.

Con esta comparación Jesús nos recuerda los corrales del Oriente Medio donde se juntaban varios rebaños para pasar la noche. Los pastores dormían en la puerta del redil y así protegían el rebaño. Al amanecer, cada pastor llamaba a sus ovejas. Y ellas, al reconocer la voz de su pastor, salían del corral y le seguían. Esta manera de proteger el rebaño era sencilla y eficaz. Cada ser humano forma parte del rebaño que el mismo Cristo pastorea. La Iglesia es el redil cuya única puerta es Cristo. Ella nos protege de Satanás, el lobo voraz, que anda por el mundo tratando de entrar para atacar el rebaño.

Aunque en la Iglesia tenemos pastores humanos que nos dirigen, hay que tener en cuenta que, en realidad, Cristo es el Buen Pastor. Él guía a nuestros pastores y, por mediación de ellos, a nosotros. A pesar de este apoyo, cada persona tiene la obligación, por sí misma, de tratar de conocer a Cristo. Tiene que decidir por sí misma seguirle o no seguirle. Aunque nuestros pastores nos enseñan las escrituras, nos dan los sacramentos, nos fortalecen en la fe, la última palabra, si creemos en Cristo o no, será decisión nuestra. Y seguirle, con fidelidad, también será decisión nuestra.

Desde los primeros siglos de nuestra Iglesia, el Papa, como Vicario de Cristo en la tierra, ha sido el defensor de la fe y el pastor de almas que cuida a las ovejas del rebaño, que es la Iglesia. Además del Papa tenemos otros pastores, los obispos y sacerdotes, quienes comparten con él la responsabilidad de guiar el rebaño. Cristo, el Buen Pastor, es el que escogió a los Apóstoles y sigue escogiendo a sus sucesores. Por ese motivo, nosotros, como los primeros cristianos, además de tener la obligación de seguir a Jesucristo, también tenemos la obligación de seguir y respetar a los pastores que el mismo Cristo ha designado para guiar su Iglesia.

Hermanas y hermanos, seamos cautelosos. No permitamos que individuos de sectas u otras religiones vengan a turbar nuestra fe, hablándonos mal de nuestro Santo Padre, el Papa, o de nuestra Iglesia y sus pastores. Cualquier cristiano que lleva su religión con seriedad sabe que no solamente está comprometido a seguir las enseñanzas de Cristo, sino también a respetar a sus ministros. De esa manera colaborará con la misión del Papa, ayudándole a que toda la Iglesia, y especialmente la comunidad a la que pertenece, se mantenga unida en obediencia al Buen Pastor.

Nuestro Señor quiso basar su Iglesia sobre el ministerio de Pedro y sus sucesores, los Papas. Esto es lo que asegura la unidad de nuestra Iglesia. Es a través de Pedro que reciben sus sucesores la autoridad como representantes de Cristo en la tierra. La autoridad y el magisterio del Papa han sufrido fuertes ataques desde fuera de la Iglesia, e incluso desde dentro, por generaciones. Y seguramente no cesarán hasta la Segunda y Última Venida de Cristo. A pesar de todo eso, es Cristo quien la protege. Y Él nos ha asegurado que nada prevalecerá contra ella.

Fourth Sunday of Easter
Cycle A

Readings: 1) Acts 2:14, 36-41 2) 1 Peter 2:20-25 3) John 10:1-10

During his public life, Jesus would use examples from the daily life of his times to explain the Kingdom of God. He tells us, in the Gospel Reading we just heard, that He is like a pastor who protects his sheep and does not abandon them.

With this comparison, Jesus reminds us of the corrals of the Middle East where various herds of sheep were gathered together for the night. The shepherds would sleep at the door of the sheepfold and in that way they protected the sheep. In the morning, each shepherd would call his sheep. And the sheep, upon recognizing the voice of their shepherd, would come out of the sheepfold and follow him. This was a simple and efficient way of protecting the sheep. Each person forms part of the flock of which Christ himself is the pastor. The Church is the sheepfold that has Christ as its only gate. She protects us from Satan, the voracious wolf, who goes about the world trying to enter so as to attack the flock.

Even though the Church has human pastors who direct us, we should remember that, in reality, Christ is the Good Shepherd. He guides our pastors and, through them, us. In spite of this support, each person has the obligation, on their own, to try to get to know Christ. He or she has to decide to follow him or not to follow him. Even though our pastors teach us about scripture, give us the sacraments, strengthen us in the faith, the last word, on whether we believe in Christ or not, is our decision. And to follow him faithfully, is also our decision.

Since the first centuries of our Church, the Pope, the Vicar of Christ on earth, has been the defender of the faith and the shepherd of souls who cares for the sheep of the flock, which is the Church. Besides the Pope we have other pastors, the bishops and priests, who share with him the responsibility of guiding the flock. Christ, the Good Shepherd, is the one who chose the apostles and he continues to choose their successors. For this reason, we, like the first Christians, besides having the obligation to follow Jesus Christ, also have the obligation to follow and respect the pastors who Christ himself has designated to guide his Church.

My sisters and brothers let us be careful. Let us not allow any individual from a sect or other religion to come and confuse our faith, bad mouthing our Holy Father, the Pope, or our Church or its pastors. Any Christian who practices his or her faith seriously knows that he or she is not only committed to following the teachings of Christ but also to respecting his ministers. In this way we work in partnership with the mission of the Pope, helping him to ensure that all of the Church, and especially the community to which we belong, remains united in obedience to the Good Shepherd.

Our Lord wanted to base his Church on the ministry of Peter and his successors, the Popes. This is what ensures the unity of our Church. It is through Peter that his successors receive the authority to be representatives of Christ on earth. The authority and the magisterium of the Pope have suffered relentless attacks from outside of the Church, and even from inside it, for generations. These attacks will not cease until the Second and Last Coming of Christ. In spite of this, it is Christ who protects the Church. And he will ensure that nothing prevails against her.

Quinto Domingo de Pascua
Ciclo A

Lecturas: 1) Hechos 6,1-7 2) 1 Pedro 2, 4-9 3) Juan 14,1-12

La Primera Lectura de la Misa nos muestra brevemente cómo vivía la comunidad Cristiana después de los acontecimientos maravillosos de la Resurrección de Cristo. Nos deja ver que según iba creciendo la comunidad también crecían los problemas. Los roces entre ellos eran cada vez más frecuentes. Algunos comenzaron a quejarse diciendo que en la comunidad había injusticia y discriminación. Los nuevos cristianos de lengua griega se quejaban contra los de lengua hebrea, diciendo que en el suministro diario no atendían a sus viudas. Esto nos enseña que la discriminación y el favoritismo existían tanto entonces como ahora dentro de las comunidades. Más de veinte siglos después, sigue habiendo problemas dentro de muchas comunidades Cristianas. Y el motivo sigue siendo que unos se hacen más importantes que otros.

Los Apóstoles vieron que algunos despreciaban a otros miembros de la comunidad tratándolos como cristianos de segunda clase. Se indignaron y condenaron esta discriminación. Para resolver el problema, que era grande, reorganizaron la comunidad. Ellos no podían descuidar la Palabra de Dios para ocuparse de la administración. Así que iniciaron lo que hoy en día llamamos el Diaconado.

Los Apóstoles escogieron hombres de fe, con sabiduría y llenos de Espíritu Santo, para que sirvieran a todos los miembros de la comunidad, administrando los bienes comunes y evitando las injusticias. A instancia de los mismos Apóstoles, la tarea de los primeros diáconos era enseñar a la Iglesia primitiva a respetar la dignidad de cada ser humano, a no discriminar contra los otros y, lo más esencial, a no creerse superiores a los otros miembros de la comunidad y de una manera especial, a servir a los demás en cualquier necesidad.

Aunque es verdad que siempre hubo injusticias en el mundo, creo no equivocarme al decir que en esta época ha llegado a un punto culminante. Dentro y fuera de las comunidades cristianas hay muchas personas que siempre están haciendo cosas, según ellas, para ayudar al prójimo. Pero claro está, siempre que lo que hacen se vea mucho y les haga sentir importante. Pero servir a los demás, sin que se vea, no le interesa a casi nadie. La Iglesia nos enseña que los que actúan así, no saben nada sobre los criterios evangélicos. La persona que vive el Evangelio como Cristo lo mandó, o lo más aproximadamente posible, sabrá, con claridad, que el Señor nos manda servir a los demás como lo hicieron los primeros diáconos. Su entrega fue tal que más de uno murió mártir por Cristo.

Tenemos el ejemplo de Cristo. Siempre amó al más débil. Nunca discriminó. Tampoco mostró favoritismo y siempre iba con la verdad, de palabra y de hecho. Y yo me pregunto ¿alguna vez aprenderemos a ser, aunque solo sea un poco, similares a Cristo? ¿Porqué las personas no comprenderán que servir a los demás por Cristo enaltece? Comprendamos como Católicos, y como miembros de esta parroquia, que todos somos miembros de una sola familia cristiana y que Dios nos ha creado a todos iguales. Por la fe, sabemos que cada persona es importante para Dios.

Pidamos al Señor que nos dé humildad para ser solidarios, aprendiendo a ayudar a los necesitados, incluso con sacrificio, por amor a Dios.

Fifth Sunday of Easter
Cycle A

Readings: 1) Acts 6:1-7 2)1 Peter 2:4-9 3) John 14:1-12

The First Reading of the Mass briefly shows us how the Christian community lived after the marvelous events of the Resurrection of Christ. It shows us that, as the community grew, its problems also grew. The friction among them was becoming more frequent. Some of them began to complain, saying that injustice and discrimination existed in the community. The new Christians who spoke Greek complained about those who spoke Hebrew, saying that in the daily distribution their widows were not being taken care of. This shows us that discrimination and favoritism existed then as now in the communities. More than twenty centuries afterwards, there continue to be problems in many Christian communities. The reason continues to be that some want to be more important than others.

The apostles saw that some members or the community were contemptuous of others, treating them like second class Christians. This angered them and they condemned this discrimination. To resolve the problem, which was a major one, they reorganized the community. They could not neglect the Word of God to worry about administration. So they started what today we call the Diaconate.

The apostles chose men of faith who were wise and full of the Holy Spirit to serve the members of the community, administering the common goods, and doing away with injustices. At the behest of the Apostles themselves, the work of the first deacons was to teach the early Church to respect the dignity of each human being, not to discriminate against others, and, most importantly, not to believe that we are better than other members of the community and, in a special way, to serve others in whatever way we can.

Even though it is true that there has always been injustice in the world, I don't think that I am wrong when I say that in these times it has reached enormous proportions. Inside and outside of our Christian communities there are many people who are always doing things, according to what they say, to help their neighbor. But it is clear, that it is always so that what they do is seen by many and makes them feel important. But serving others, without being noticed, does not interest many people. The Church teaches us that those who act that way do not know anything about gospel values. The person who lives the Gospel as Christ said, or as close as possible, knows, clearly, that the Lord commanded us to serve others as the first deacons did. Their spirit of giving was so great that more than one suffered martyrdom for Christ.

We have an example in Christ. He always loved the weakest. He never discriminated. Nor did he show favoritism and he always lived truthfully, in word and deed. And I ask: will we ever learn to be, even just a little, like Christ? Why do people not understand that serving others for Christ is uplifting? Let us understand, as Catholics, and as members of this parish, that we are all members of one Christian family and that God created us equal. Through our faith, we know that each person is important to God.

Let us ask the Lord to give us the humility to practice solidarity with others, to learn to help those in need, even if this means sacrifice, for the love of God.

Sexto Domingo de Pascua
Ciclo A

Lecturas: 1) Hechos 8, 5-8.14-17 2) 1 Pedro 3,15-18 3) Juan 14,15-21

El Evangelio nos enseña una de las fases más importantes en el desarrollo de la comunidad cristiana. Jesús fue preparando a los Apóstoles, poco a poco, en la fe y en el cumplimiento de los mandamientos. Antes de morir, les prometió que no los dejaría desamparados. También les prometió que les enviaría el Espíritu de la verdad. Les adiestró en la fe y en la manera que debían comportarse si iban a ser sus seguidores. Les dejó ver la recompensa que recibe el que conoce sus mandamientos y los guarda. Dijo, "Al que me ama, lo amará mi Padre, y yo también lo amaré y me revelaré a él".

La Primera Lectura nos deja ver que Felipe demostró ser gran predicador. Fue uno de los siete hombres escogidos por los Apóstoles para ser diáconos y servir a la comunidad. Felipe tenía grandes dotes para la predicación y la curación de los males espirituales y físicos. Su predicación hizo que un número considerable de Samaritanos decidieran cambiar su modo de vivir y recibir las aguas bautismales. La noticia de estos acontecimientos tan importantes llegó hasta Jerusalén, que en aquel tiempo era la sede central de la pequeña comunidad cristiana. Cuando los Apóstoles se enteraron que los Samaritanos habían recibido la palabra de Dios y habían sido bautizados, decidieron enviar, para comprobar el hecho, a Pedro y Juan. Cuando llegaron, Felipe les presentó a los nuevos cristianos. Pedro y Juan les impusieron las manos y recibieron el Espíritu Santo, confirmándolos en la fe. Los Apóstoles comprobaron lo que Jesús les había prometido. Vieron cómo Dios se manifestaba, por su Espíritu, por mediación de Felipe, que atraía no solamente a judíos sino a un gran número de Samaritanos.

Nuestra manera de evangelizar debe asimilarse a la del Diácono Felipe y a la de los Apóstoles: sencilla, humilde y sin imposiciones ni intransigencias. Conocemos personas que su manera de evangelizar, en lugar de atraer personas a la Iglesia, las aleja de ella. Para agrandar la comunidad no podemos ir como si éramos los que mandamos en la Iglesia, queriendo demostrar que en ella se hace nuestra propia voluntad. Las comunidades se agrandan cuando en ellas hay espíritu de amor, cuando hay humildad y una entrega desinteresada. Con esto conseguiremos asemejarnos a los cristianos de Samaria. Tratar a otros como si fueran inferiores a nosotros no hará una comunidad acogedora. Esta es la contestación a las preguntas que más de una vez hemos escuchado: ¿por qué no viene más gente a esta iglesia? ¿Por qué muchos se están marchando? Llenaremos nuestras iglesias cuando el recién llegado vea que todos son uno y que no hay distinciones, que en la comunidad hay fraternidad y todos son iguales.

Felipe en su ministerio diaconal, predicó a Cristo con el ejemplo y entrega. Eso mismo hicieron los Apóstoles y los primeros cristianos. La persona que hace cosas por Cristo no necesita ir pregonando lo que hace. Su comportamiento lo pregonará. Con su entrega irá atrayendo personas a Dios. Precisamente los primeros cristianos se dieron a conocer por el amor que se profesaban entre ellos. Y de esta manera fue creciendo la Iglesia que Cristo fundó.

En medio de una sociedad que está perdiendo la fe, es importantísimo comportarnos como lo hicieron Felipe y los Apóstoles. Nuestra manera de evangelizar debe ser discreta y sin pretensiones. Y, sobre todo, nunca debemos querer imponer nuestra fe por la fuerza. Hagámoslo como nos dice Pedro en la Segunda Lectura, con sencillez y respeto, como quien vive con la conciencia en paz.

Sixth Sunday of Easter
Cycle A

Readings: 1) Acts 8:5-8, 14-17 2) 1 Peter 3:15-18 3) John 14:15-21

The Gospel Reading shows us one of the most important phases in the development of the Christian community. Jesus had prepared the Apostles, little by little, in the faith and in obedience to the commandments. Before he died, he promised them that he would not abandon them. He also promised to send them the Spirit of truth. He taught them the faith and the way that they should act if they were to be his followers. He let them see the reward that those who know his commandments and follow them receive. He said, "Whoever loves me, loves the Father, and I will love him and reveal myself to him."

The First Reading shows us that Philip was a great preacher. He was one of the seven men chosen by the apostles to be deacons and serve the community. Philip had great gifts for preaching and for curing spiritual and physical ailments. His preaching caused a considerable number or Samaritans to decide to change their way of life and receive the waters of Baptism. The news of this important event reached Jerusalem, which was then the central site for the small Christian community. When the Apostles heard that the Samaritans had received the Word of God and had been baptized, they decided to send Peter and John to investigate. When they arrived, Philip introduced them to the new Christians. Peter and John laid hands on them and they received the Holy Spirit having been confirmed in the faith. The Apostles confirmed what Jesus had promised them. They saw God being manifested, through his Spirit, because of Philip who attracted not only Jews but also a great number of Samaritans.

Our way of evangelizing should be like Deacon Philip's and the Apostles': sincere, humble and without imposition or inflexibility. We know people who evangelize that way. Instead of attracting people to the Church, they repulse them. In order for us to grow we cannot go about as if we personally ran the Church, wanting to demonstrate that in her the only thing that is done is what we want to have done. Communities grow where there is a spirit of love, where there is humility and disinterested giving of oneself. If we act this way we will become like the Christians of Samaria. Treating others as if they were inferior to us will not build a loving community. That is the answer to the questions that more than once we have heard: why don't more people come to this church? Why are so many leaving? We will fill our churches up when the newly arrived see that we are one and that we make no distinctions, that in our community there is fraternity and that all of us are equal.

Philip, in his diaconal ministry, preached Christ with his example and his self-giving. That is what the Apostles and the first Christians did. The person who does things for Christ does not need to proclaim what he is doing. His or her behavior will proclaim it. With his or her self-giving other people will be attracted to God. The first Christians were known for their love for each other. And that is the way that the Church that Christ founded grew.

In the midst of a society that is losing its faith, it is very important for us to behave as Philip and the Apostles did. The way we evangelize should be discrete and without pretense. And, above all, we should never impose our faith on others by force. Let us act as Peter says in our Second Reading, with sincerity and respect, like someone who is at peace with his or her conscience.

Séptimo Domingo de Pascua
Ciclo A

Lecturas: 1) Hechos 1,12-14 2)1 Pedro 4,13-16 3) Juan 17,1b-11a

La Primera Lectura nos describe los primeros días de la comunidad Cristiana. San Lucas nos dice que después de presenciar la gloriosa Ascensión del Señor al cielo, la Santísima Virgen María y a los Apóstoles se reunieron en recogimiento y oración mientras esperaban la venida del Espíritu Santo. Recordando estos hechos, a través de las lecturas de la Santa Misa, la Iglesia nos recuerda la necesidad que tenemos todos los cristianos de orar por la unidad de la comunidad cristiana.

El Señor desea ardientemente que la humanidad llegue a la unidad en la Santa Iglesia que Él fundó. Prometió a los Apóstoles que su Iglesia permanecería en el mundo hasta el fin de los tiempos. Y nos pide a nosotros que su Iglesia sea signo de unidad en este mundo tan desunido.

La unidad es un don de Dios que está estrechamente unido a la oración. En el Evangelio, San Juan recoge la bella oración que Nuestro Señor hizo al Padre durante la Última Cena: "Te ruego por ellos; no ruego por el mundo, sino por estos que tú me diste, y son tuyos". Así oró Jesús levantando los ojos al cielo. Oró especialmente por la seguridad y unidad de sus seguidores, ya que sabía que después de la Ascensión se quedarían solos en el mundo hasta la venida del Espíritu Santo.

El Señor pidió al Padre que les diera a los Apóstoles la fuerza necesaria para mantenerse fieles a Él, para que se mantuvieran unidos en la fe y en la verdad. El Señor fundó una sola comunidad cristiana porque quiso que existiera una sola Iglesia.

Hermanas y hermanos, ese deseo debe ser también nuestro deseo, que haya una sola Iglesia y que se mantenga unida, que seamos uno como nuestro Señor es uno con el Padre. Sabemos lo difícil que es mantener la unidad, incluso entre los cristianos. Algunos piensan que esto es debido a que entre los cristianos hay gran diversidad de culturas, lenguas, y caracteres nacionales. Pero en los tiempos de los Apóstoles, a pesar de que la comunidad era mucho más pequeña, no faltaron los que rechazaban la fe como la enseñaban los Apóstoles. Algunos, mostrando su soberbia, decían que ellos conocían, mejor que los propios Apóstoles, lo que Jesucristo quería para su Iglesia. Y, debido a esa intransigencia y a ese rechazo, varios grupos acabaron separándose de la Iglesia que Cristo fundó. La falta de amor y de comprensión ha sido la causante de la desunión en la comunidad Cristiana. Aún tenemos en nuestra Iglesia dificultades con la unidad. Muchos cristianos aún no están de acuerdo sobre cómo debemos seguir a Cristo. Ignoran, o quizás no quieren escuchar, el mensaje de amor y unidad que Cristo nos ha dado.

La unidad en la Iglesia se palpa cuando las obras de la comunidad provienen de un mismo espíritu. Y se muestra en la unión visible de sus miembros. Nunca un miembro de la comunidad cristiana debe sentirse solo o ignorado. Recordemos que es importante que hagamos un esfuerzo especial para mantener la fraternidad cristiana. Nuestra meta debe ser la unidad cristiana. Tenemos que hacer todo lo humanamente posible para que nuestra Iglesia se mantenga unida.

Hay muchas maneras de tratar de conseguir este sueño tan deseado. Pero la más eficaz, ante Nuestro Señor, será nuestra ferviente oración para que haya unidad entre los cristianos.

Seventh Sunday of Easter
Cycle A

Readings: 1) Acts 1:12-14 2) 1 Peter 4:13-16 3) John 17:1b-11a

The First reading describes the first days of the Christian community. Saint Luke tells us that after witnessing the glorious Ascension of the Lord into heaven, the Most Blessed Virgin Mary and the Apostles gathered together in meditation and prayer as they awaited the arrival of the Holy Spirit. By calling to mind these events, through the readings of the Holy Mass, the Church reminds us of the necessity that all Christians have to pray for the unity of the Christian community.

The Lord ardently desired that humanity should be united in the Holy Church that he founded. He promised the Apostles that his Church would continue on until the end of time. And he asks us to ensure that his Church is a sign of unity in this world that is so disunited.

Unity is a gift of God that is closely related to prayer. In the Gospel, Saint John gives us the beautiful prayer that Our Lord directed to his Father during the Last Supper: "I pray for them. I do not pray for the world but for the ones you have given me, because they are yours." In this way Jesus prayed as he lifted his eyes up to heaven. He prayed especially for the safety and unity of his followers because he knew that after the Ascension they would be alone in the world until the arrival of the Holy Spirit.

The Lord asked the Father to give the Apostles the strength they needed to remain faithful to him so that they would remain united in faith and truth. The Lord founded only one Christian community because he only wanted one Church to exist.

My brothers and sisters, this desire should be ours also, that there be only one Church and that it should remain united, that we may be one as the Lord is one with his Father. We know how difficult it is to remain united, even among Christians. Some people think that this is because among Christians there is a great diversity of cultures, languages and national origins. But in the Apostles' times, even though the community was much smaller, there were some who rejected the faith that the Apostles taught. Some, showing their arrogance, said that they knew better than the Apostles what Jesus Christ wanted for his Church. And because of this stubbornness and this rejection various groups ended up separating from the Church that Christ founded. Lack of love and understanding has been the cause of disunion in the Christian community. We still have difficulties with unity in our Church. Many Christians still do not agree about how we should follow Christ. They ignore, or maybe they refuse to listen to, the message of love and unity that Christ left us.

Unity in the Church is shown when the works of the community spring from the same spirit. And it is shown in the visible unity of its members. Never should a member of a Christian community feel alone or ignored. Let us remember that it is important for us to make a special effort to maintain Christian fraternity. Our goal should be Christian unity. We have to do all that is humanly possible so that our Church remains united.

There are many ways to try to attain that much desired dream. But the most effective, according to the Lord, is our fervent prayer that there be unity among Christians.

Domingo de Pentecostés
Ciclo A

Lecturas: 1) Hechos 2,1-11 2)1 Corintios 12,3b-7.12-13 3) Juan 20,19-23

Este Domingo de Pentecostés celebramos un hecho que es, a la vez, milagroso y maravilloso. Pentecostés es un día de gran gozo para todos los católicos. Hoy conmemoramos la venida del Espíritu Santo sobre la Santísima Virgen y los Apóstoles. Este domingo es el último de la Temporada Pascual. La Iglesia celebra esta solemnidad como una fiesta grande.

Celebramos la fiesta de hoy cincuenta días después de la Pascua. Pentecostés era una de las principales fiestas judías. Muchos judíos vivían fuera de Tierra Santa pero cada año muchos iban en peregrinación, reuniéndose en Jerusalén, donde celebraban la Pascua y se quedaban los cincuenta días para celebrar la fiesta de Pentecostés. En este día tan señalado, estando la Virgen María y los Apóstoles juntos orando en el Cenáculo, de improviso sintieron un ruido fuerte como de un viento huracanado y vieron aparecer como unas lenguas de fuego esparcidas que se posaban sobre cada uno de ellos y quedaron llenos de Espíritu Santo.

Desde los tiempos del Antiguo Testamento, Dios siempre se manifestó a través de los elementos naturales, como el viento y el fuego. Nadie conoce de cuantas maneras puede presentarse el Espíritu Santo. Pero de lo que debemos estar seguros es que puede venir cuando menos lo esperamos. La Iglesia experimenta constantemente la presencia del Espíritu Santo. Él la conserva, la santifica y la fortalece. La mantiene triunfante en medio de las persecuciones y calumnias que han ido surgiendo contra ella durante más de veinte siglos de historia.

He dicho que el Espíritu Santo santifica a su Iglesia y la fortalece. Y, además, afirmo que también nos santifica y nos fortalece a nosotros. La Iglesia, reforzada por el Espíritu de unidad, construye entre todos los pueblos y razas una comunidad fraternal. El que ama a nuestra Iglesia sabe que en ella habita el Espíritu Santo y que constantemente derrama la semilla de fe que Jesucristo, con su muerte y resurrección, sembró. Cada cristiano tiene la obligación de defender a la Iglesia de cualquier ataque, pequeño o grande, que surja contra ella. Y debemos pedir al Espíritu Santo que la fe que el Señor sembró llegue a su plenitud.

El Día de Pentecostés fue un hecho insólito, único. Jesús, antes de su Ascensión al Cielo, prometió a los Apóstoles enviarles el Espíritu Santo. Su venida les llenó de valentía y sabiduría. San Pedro y los demás Apóstoles, impulsados por los dones del Espíritu, comenzaron a pregonar la Palabra, y la esparcieron con valor y decisión.

Nosotros también recibimos del Espíritu Santo dones de un valor incalculable. Cuando sentimos que en nosotros hay deseo de ayudar al hermano caído, cuando sentimos la necesidad de limpiar nuestra alma de pecado, sabemos que el Espíritu está obrando en nosotros. El Espíritu Santo nos infunde el amor hacia Dios que se convierte en una vida más santa.

Pidamos al Espíritu Santo que nos fortalezca como lo hizo con Nuestra Amantísima Madre, María y los Apóstoles.

Pentecost Sunday
Cycle A

Readings: 1) Acts 2:1-11 2) 1 Corinthians 12:3b-7, 12-13 3) John 20:19-23

This Pentecost Sunday we celebrate an event that is, at once, miraculous and marvelous. Pentecost is a day of great joy for all Catholics. Today we commemorate the descent of the Holy Spirit on the Most Blessed Virgin and the Apostles. This Sunday is the last one of the Easter Season. The Church celebrates this solemnity as a great feast day.

We celebrate the today's feast fifty days after Easter. Pentecost was one of the principal Jewish feasts. Many Jews lived outside of the Holy Land but every year many would go in pilgrimage, gathering together in Jerusalem, where they would celebrate Passover and they would stay the fifty days to celebrate the feast of Pentecost. On that most important day, the Virgin Mary and the Apostles having joined together in prayer in the Cenacle suddenly heard a sound like a strong wind and they saw what appeared to be tongues of fire scattered about that hovered over each of them and filled them with the Holy Spirit.

Since Old Testament times, God has always manifested his presence through natural elements, like wind and fire. No one knows how many ways the Holy Spirit can appear to us. But what we are sure of is that he will come when we least expect him. The Church constantly feels the presence of the Holy Spirit. He protects her, sanctifies her and strengthens her. He maintains her triumphant in the midst of the persecutions and lies that have sprung up against her during more than twenty centuries of history.

I said that the Holy Spirit sanctifies his Church and strengthens her. And, what's more, I say that he also strengthens us. The Church, strengthened by the Spirit of unity, builds up among all peoples and races, a fraternal community. Whoever loves our Church knows that the Holy Spirit dwells in her and that he constantly sows the seed of faith that Jesus Christ, by his death and resurrection, planted. Each Christian has the obligation to defend the Church from any attack, whether small or large, that crops up against her. And we should ask the Holy Spirit that the faith the Lord planted should ripen.

Pentecost Day was a unique and unrepeatable event. Jesus, before his Ascension into Heaven, promised his Apostles that he would send them the Holy Spirit. His coming filled them with courage and wisdom. Saint Peter and the rest of the Apostles, moved by the gifts of the Spirit, began to proclaim the Word, and they spread it with valor and decisiveness.

We also receive from the same Holy Spirit gifts of incalculable value. When we feel that we have a desire to help a fellow brother or sister, when we feel the necessity to cleanse our soul of sin, we know that the Spirit is working in us. The Holy Spirit infuses in us the love of God that transforms our life into a holier life.

Let us ask the Holy Spirit to strengthen us as he did Our Most Beloved Mother, Mary, and the Apostles.

La Solemnidad de la Santísima Trinidad
Ciclo A

Lecturas: 1) Éxodo 34,4-6.8-9 2) 2 Corintios 13,11-13 3) Juan 3,16-18

La Iglesia Católica conmemora este domingo, uno de los días más grandes del año litúrgico. Nosotros, como cristianos, lo estamos celebrando reunidos aquí en comunidad. Celebramos la fiesta de la Santísima Trinidad, un misterio difícil de comprender. Imposible, si no es por la fe. Este misterio es uno de los más importantes de nuestra fe cristiana. Esta celebración es, en esencia, la fiesta de Dios – Padre, Hijo y Espíritu Santo.

Por siglos la Iglesia lleva enseñando que tratar de descifrar este misterio de Tres Personas en un solo Dios no es aconsejable, especialmente si se pone demasiado ahínco en querer entenderlo completamente. Hay personas que tratando de descifrar este gran misterio, buscan en la Biblia, hacen preguntas, investigan y, al final, aburridos porque les es difícil entender este misterio, se alejan de la Iglesia Católica, con gran pérdida para ellos, ya que se encontraban en la única Iglesia que posee la plenitud de las verdades que Cristo reveló.

La persona que quiere comprender un poco más el misterio de la Santísima Trinidad, lo primero que debe hacer es pedir sabiduría al Espíritu Santo. Y con su ayuda podrá creer más firmemente en este gran misterio que es tan importante para la humanidad.

Los cristianos que participamos en la Santa Misa, observamos que desde el comienzo, cuando nos santiguamos diciendo, "En el nombre del Padre y del Hijo y del Espíritu Santo", hasta que el sacerdote nos da la bendición trinitaria final, constantemente se invoca a la Santísima Trinidad. Y de una manera más especial, en la Plegaria Eucarística. Estas oraciones que el sacerdote pronuncia antes y después de la consagración, que por cierto son preciosas y dignas de escucharlas con atención y recogimiento, son dirigidas a Dios Padre, por mediación de Jesucristo, en unidad con el Espíritu Santo. Y es en la Misa donde el cristiano logra vislumbrar, por la gracia del Espíritu Santo, el misterio de la Santísima Trinidad. Pidamos al Dios Trino que aumente nuestra fe porque sin ella será imposible creer en este misterio, ya que es un misterio de fe en el sentido estricto. Es uno de los misterios escondidos de Dios. Y el ser humano debe saber que nunca podrá profundizar completamente en el. Solamente le queda creer en él.

San Agustín, gran teólogo y doctor de la Iglesia, quiso saber más sobre este inefable misterio. El Señor dio a este gran santo, gran sabiduría. Pero después de mucho pensar y reflexionar, llegó a la conclusión que la mente humana no es capaz de comprender completamente la inmensidad de Dios. San Agustín dijo que para un cristiano no es difícil comprender que Dios existe pero si es muy difícil comprender que hay tres personas en un solo Dios. No podemos entender esa grandeza con nuestras mentes limitadas.

Hermanas y hermanos, Nuestro Señor Jesucristo, el Hijo de Dios, es quien reveló la unidad del Padre con el Hijo y el Espíritu Santo. Quien no tenga fe en la Santísima Trinidad no cree las palabras de Jesús. Nuestra fe será la que nos ayudará a encontrarnos en el cielo con el Padre, el Hijo y el Espíritu Santo. Allí comprenderemos, en su plenitud, este misterio profundo.

Holy Trinity Sunday
Cycle A

Readings: 1) Exodus 34:4-6, 8-9 2) 2 Corinthians 13:11-13 3) John 3:16-18

The Catholic Church commemorates this Sunday one of the greatest days in the liturgical year. We, as Christians, are celebrating it here together. We celebrate the feast of the Most Holy Trinity, a mystery that is difficult to comprehend. Impossible, if not through our faith. This mystery is one of the most important of our Christian faith. It is the celebration, in essence, of the feast of God – Father, Son and Holy Spirit.

For centuries the Church has taught that to try to decipher this mystery of Three Persons in One God is not advisable, especially if we put too much effort in trying to understand it completely. There are people who, while trying to solve this great mystery, search in the Bible, ask questions, investigate and, finally, tired out because understanding this mystery is too difficult, they leave the Catholic Church, at a great loss for them, since they already were in the only Church that possesses the fullness of the truths that Christ revealed.

Whoever wants to understand a little about the mystery of the Most Holy Trinity, should first ask the Holy Spirit for wisdom. And with his help they can begin to believe more in this great mystery that is so important for humanity.

We Christians, who participate in the Holy Mass, can see that from the beginning of Mass when we make the Sign of the Cross saying, "In the name of the Father and of the Son and of the Holy Spirit," until the end when the priest gives us the final Trinitarian blessing, we constantly invoke the Most Holy Trinity. And in a special way, this is done in the Eucharistic Prayer. These prayers that are said by the priest before and after the consecration, and that by the way, are beautiful and deserve to be listened to attentively and meditatively, are directed to God the Father, through the mediation of Jesus Christ, in the unity of the Holy Spirit. And it is in the Mass that the Christian gets to see, by the grace of the Holy Spirit, the mystery of the Most Holy Trinity. Let us ask the Trinitarian God to strengthen our faith because without it, belief in this mystery is impossible, since this is a mystery of faith in the strictest sense. It is one of the hidden mysteries of God. And humanity should know that it will never be able to understand it completely. We can only believe in it.

Saint Augustine, a great theologian and doctor of the Church, wanted to know more about this ineffable mystery. The Lord gave this great saint, great wisdom. But after much thinking and reflecting, he came to the conclusion that the human mind is not capable of comprehending completely the immensity of God. Saint Augustine said that for a Christian to understand that God exists is not difficult but it is very difficult to understand that there are three Persons in One God. We cannot understand this vastness with our limited minds.

My sisters and brothers, Our Lord, Jesus Christ, the Son of God, is the one who revealed to us the unity of Father with Son and Holy Spirit. Whoever does not believe in the Most Holy Trinity does not believe the words of Jesus. Our faith will be what helps us to encounter the Father, Son and Holy Spirit in heaven. There we will understand, in its fullness, this profound mystery.

Solemnidad del Cuerpo y la Sangre de Cristo
Ciclo A

Lecturas: 1) Deuteronomio 8, 2. 14-16 2) 1 Corintios 10,16-17 3) Juan 6, 51-58

Este domingo celebramos la gran Solemnidad del Cuerpo y Sangre de Cristo conocido popularmente como "Corpus Christi" que, en latín, quiere decir Cuerpo de Cristo. Lo que estamos celebrando es la devoción y el culto a la Presencia Real de Jesucristo en el Santísimo Sacramento.

La Sagrada Eucaristía es la creencia más importante de nuestra fe. Lamentablemente esta devoción y el respeto que deben tener todos los católicos hacia esta presencia de Dios están disminuyendo no solamente en este país sino alrededor del mundo. En este país podemos comprobar, según las encuestas, que la mayoría de los que se autodenominan católicos no creen en este gran misterio. No creen que en cada Santa Misa durante la consagración el pan y el vino se transformen en el Cuerpo y la Sangre de Cristo. Tampoco creen que Nuestro Señor Jesucristo está presente en el Sagrario. Este es el verdadero origen de la crisis de fe que está viviendo la humanidad.

Aunque la Iglesia enseña y reafirma, vez tras vez, la importancia tan esencial de mostrar la reverencia a Jesús Sacramentado en todo momento y en todo lugar, comprobamos que muchos no veneran, ni siquiera consideran sagrado, este gran sacramento. Incluso hay personas que preguntan, "¿Para qué necesitamos creer en la presencia de Cristo en la Sagrada Eucaristía, si ya sabemos que Cristo está en todas partes?" Esta manera de pensar siempre ha estado de moda entre muchos protestantes. Pero esta manera de pensar y de creer no es la que nos exige Nuestro Señor Jesucristo. El que muchos Católicos crean de esta forma es la causa que no se le está guardando el culto debido a Jesús Sacramentado en el Sagrario y por esta causa se cometen muchas faltas e incluso pecados graves contra el Santísimo Sacramento.

La Segunda Lectura de hoy es corta pero contiene el relato más antiguo que existe sobre lo que dijo e hizo Jesús en la Última Cena. (1 Cor 11:23-25) La carta fue escrita, más o menos, veinte años después de la muerte de Cristo. En ella San Pablo les dice a los Corintios, "La copa de bendición que bendecimos, ¿no es comunión con la sangre de Cristo? Y el pan que partimos, ¿no es comunión con el cuerpo de Cristo?" Fue el mismo Jesús quien les dijo a sus Apóstoles que el pan y el vino se convertían en su Cuerpo y su Sangre. Este es el misterio de este sacramento, mejor dicho, de este Santísimo Sacramento. Y el que no crea completamente en él, no está viviendo su fe. Y aunque pregone que es Católico, no lo es si no cree en este misterio.

Hermanas y hermanos, al celebrar la Solemnidad de Corpus Christi, demos a esta fiesta el verdadero sentido que tiene. La Presencia Real de Jesucristo, su Cuerpo y su Sangre que recibimos en la Sagrada Eucaristía, nos une a todos los católicos, aunque lo recibamos en diferentes lugares del mundo, haciéndonos un solo cuerpo en Cristo. Formamos un solo cuerpo porque comemos todos del mismo Pan de Vida. El Cristo que recibimos en la Eucaristía se entrega entero a cada uno que lo recibe. Pero para convertirse en fuente de vida para nosotros tenemos que creer firmemente en Él y no recibirlo, como hacen algunos, simplemente como un símbolo.

The Solemnity of the Body and Blood of Christ
Cycle A

Readings: 1) Deuteronomy 8:2, 14-16 2)1 Corinthians 10:16-17 3) John 6:51-58

This Sunday we celebrate the great Solemnity of the Body and Blood of Christ, popularly known as "Corpus Christi" which, in Latin, means Body of Christ. What we are celebrating is the devotion and worship of the Real Presence of Jesus Christ in the Most Blessed Sacrament.

The Holy Eucharist is the most important belief in our faith. Unfortunately, this devotion, and the respect that all Catholics should have towards this presence of God, has diminished not only in our country but also around the world. In this country we can say, according to surveys, that the majority of those who call themselves Catholic do not believe in this great mystery. They do not believe that in every Holy Mass during the consecration the bread and wine are transformed into the Body and the Blood of Christ. Nor do they believe that Our Lord, Jesus Christ, is present in the tabernacle. This is the true origin of the crisis of faith that humanity is going through.

Even though the Church teaches and reaffirms, time after time, the essential importance of showing reverence to Jesus in the Sacrament at all times and everywhere, we can see that many do not venerate, they do not even consider sacred, this great sacrament. There are even people who ask, "Why do we need to believe in the presence of Christ in the Holy Eucharist if we know that Christ is present everywhere?" This way of thinking has always been popular among Protestants. But this way of thinking and believing is not what Our Lord, Jesus Christ, demands. It is because many Catholics have started to think this way that the worship of Jesus in the Blessed Sacrament in the Tabernacle has diminished and for this reason many faults and even grave sins are committed against the Most Blessed Sacrament.

The Second Reading today is short but it contains the oldest description in existence of what Jesus said and did at the Last Supper. (1 Cor 11:23-25) The letter was written, more or less, twenty years after the death of Jesus. In it Saint Paul tells the Corinthians, "The cup of blessing that we bless, is it not a participation in the blood of Christ? The bread that we break, is it not a participation in the body of Christ?" It was Jesus himself who told the Apostles that the bread and wine changed into his Body and Blood. This is the mystery of this sacrament, better said, this Most Blessed Sacrament. And whoever does not believe in it is not living his faith. And even if they proclaim that they are Catholic, if they do not believe in this great mystery, they are not.

My brothers and sisters, when we celebrate the Solemnity of Corpus Christi, let us give to this feast its true meaning. The Real Presence of Jesus Christ, his Body and his Blood that we receive in the Holy Eucharist, unite all Catholics, even though we receive it in different places in the world, transforming us into one body in Christ. We form one body because we all eat of the same Bread of Life. The Christ who we receive in the Eucharist gives himself totally to each person who receives him. But in order for him to become a font of life for us, we have to firmly believe in him and not receive him, as some do, simply in a symbolic way.

Décimo Domingo del Tiempo Ordinario
Ciclo A

Lecturas: 1) Oseas 6, 3-6 2) Romanos 4,18-25 3) Mateo 9, 9-13

Jesús, antes de formar su Iglesia, escogió a los Apóstoles eligiendo a justos y pecadores, a pudientes y humildes. El Evangelio nos habla de Mateo. Era Publicano y considerado pecador. Jesús lo llamó y en cuanto Mateo oyó su llamada, le siguió fielmente. Cuando escuchó la llamada de Jesús estaba en su puesto, recaudando impuestos, que era su trabajo. Pero dejó todo, sin demora, y le siguió. Jesús no solamente lo eligió. Hizo muchísimo más. Hasta aceptó ir a su casa y comer con él.

Mateo era un hombre rico. Para celebrar el encuentro con el Mesías preparó un banquete en su casa. Jesús y los discípulos fueron invitados. También invitó a publicanos y a otros pecadores, amigos suyos.

Los Publicanos eran cobradores de impuestos al servicio del Imperio Romano. Eran mal vistos por la comunidad judía. Esta actitud se debía a que, aunque eran judíos, trabajaban para un poder extranjero que los tiranizaba. Este hecho no nos extraña porque también ahora hay personas que son capaces de hacer cualquier cosa por poder o dinero.

El pueblo judío no quería a los Publicanos. Los consideraban traidores. Hasta que punto no llegaría el odio entre ellos que ni siquiera los mendigos aceptaban limosna de los Publicanos. Y eso que en aquellos tiempos la mendicidad llegaba a tal extremo y el hambre era tan agudo. Así y todo, no aceptaban nada de ellos. Los Fariseos era una secta judía que también odiaban a los Publicanos. Hasta tenían la osadía de llamarles pecadores, a pesar de que ellos también colaboraban con los romanos, pero lo hacían con hipocresía, a escondidas. Apoyaban a los Romanos en privado y públicamente pedían a Dios que les enviara un Mesías a salvar al pueblo judío de la opresión Romana.

Los Fariseos se enteraron que Jesús había sido invitado a casa de Mateo. Y, con el mismo cinismo y desfachatez que llamaban pecadores a los Publicanos, les preguntaron a los Apóstoles, "¿Cómo es que vuestro Maestro come con Publicanos y pecadores?" Jesús lo oyó y dijo, "No tienen necesidad de medico los sanos sino los enfermos". Jesús escogió a Mateo, aún sabiendo que era pecador, y le hizo uno de sus Apóstoles. También comió con Publicanos y pecadores. Y, en una ocasión dijo, "No he venido a llamar a los justos sino a los pecadores". (Lc 5,32) Esto nos enseña a ser intransigentes con el pecado, pero comprensivos con el pecador.

Vemos algunos cristianos, y no son pocos, que su comportamiento es el mismo que el de los Fariseos. Caminan con altivez, incluso dentro de la iglesia. Miran a los demás con arrogancia. Y con la mirada juzgan. Es lamentable ver el comportamiento de estos católicos porque Cristo nos enseña todo lo contrario. Nos enseña caridad y amor. Cuando eligió a Mateo, y fue a comer a su casa, sabía que los Fariseos lo iban a criticar. A pesar de todo, se mezcló y convivió con pecadores.

Hermanas y hermanos, nuestro comportamiento debe ser humilde y con caridad al prójimo. Debemos tratar de atraer a nuestra Iglesia, y por ella a Dios, a pecadores. No seamos como los Fariseos: hipócritas, sin caridad, sin amor al prójimo, que en vez de aceptar a los Publicanos y pecadores se dedicaban a juzgarlos y a despreciarlos. Recordemos que Jesús no vino a llamar a los justos sino a los pecadores.

Tenth Sunday of Ordinary Time
Cycle A

Readings: 1) Hosea 6:3-6 2) Romans 4:18-25 3) Matthew 9:9-13

Jesus, before he founded his Church, picked the Apostles from among just men and sinners, rich and humble. The Gospel Reading talks to us about Matthew. He was a Publican and considered to be a sinner. Jesus called him and as soon as Matthew heard his call, he followed him faithfully. When he heard Jesus' call, he was at his post, collecting taxes, which was his job. But he left everything, immediately, and followed him. Jesus not only chose him, he did much more. He accepted his invitation to go to his home and eat with him.

Matthew was a rich man. To celebrate his meeting with the Messiah he prepared a banquet at his home. Jesus and his disciple were invited. Also invited were publicans and other sinners, friends of his.

The Publicans were the tax collectors who worked for the Roman Empire. They were looked down on by the Jewish community. This was because, even though the Publicans were Jews, they worked for a foreign power that oppressed them. This should not surprise us because today there are also people who will do anything to obtain power or money.

The Jewish people did not like the Publicans. They considered them to be traitors. The hatred for them was so great that it is said that not even beggars would accept alms from the Publicans. And this occurred even though there were a great number of beggars and hunger was great. Even so, they did not accept anything from them. The Pharisees were part of a Jewish sect that also hated the Publicans. They even had the gall to call them sinners, even though they themselves collaborated with the Romans, but they did it with hypocrisy, in hiding. They supported the Romans in private while publicly praying to God to send the Messiah who would save the Jewish people from Roman oppression.

The Pharisees found out that Jesus had been invited to Matthew's home. And, with the same cynicism and gall with which they called the Publicans sinners, they asked the Apostles, "How is it that your Master eats with Publicans and sinners?" Jesus overheard them and said, "Those who are healthy do not need a doctor, the sick do." Jesus chose Matthew, even though he knew he was a sinner, and he made him one of his Apostles. He also ate with Publicans and sinners. And, on one occasion, he said, "I have not come to call the just, but sinners." (Lk 5:32) This should show us that we should condemn sin but be understanding with the sinner.

We see some Christians, and they are not just a few, who behave like the Pharisees. They look down their nose at others, even in church. They look upon others with arrogance. And with a look, they judge. It is unfortunate to see this behavior in these Catholics because Christ teaches us to be the opposite. He teaches us charity and love. When he chose Matthew, and went to eat at his home, he knew that the Pharisees would criticize him. In spite of this, he socialized and lived with sinners.

My sisters and brothers, our behavior should be humble and charitable towards our neighbor. We should try to attract to our church, and, through her, to God, sinners. Let us not be like the Pharisees: hypocrites, without charity or love of neighbor, who instead of accepting Publicans and sinners dedicated themselves to judging them and looking down on them. Let us remember that Jesus did not come to call the just but to call sinners.

Undécimo Domingo del Tiempo Ordinario
Ciclo A

Lecturas: 1) Éxodo 19, 2-6 2) Romanos 5, 6-11 3) Mateo 9, 36-10, 8

Jesús comenzó su ministerio público dándose a conocer, predicando por las regiones más cercanas a Galilea. La gente le escuchaba y le seguía. El Señor vio en aquellas personas tanta necesidad de sustento físico y espiritual que se compadeció de ellas. Estaban extenuadas y abandonadas como ovejas que no tienen pastor. Jesús vino a este mundo con una misión: salvar a la humanidad del pecado. Para que le ayudaran en esa misión eligió a los doce Apóstoles que serían los que tendrían que continuar la obra de salvación que Él estaba iniciando. Ellos serían, en adelante, sus enviados. Les dio poder "para expulsar espíritus inmundos y curar toda enfermedad y dolencia". Para los Apóstoles esta fue su iniciación en la misión que tendrían que realizar: reunir el rebaño disperso, protegerlo y llevarlo a la salvación.

Jesús les envió primeramente al pueblo judío que Dios había escogido siglos antes para ser su pueblo. Cristo quiso comenzar su obra de reconciliación enviando a los Apóstoles a la comunidad judía donde habían nacido y se habían formado. De esta manera el Señor nos enseña que no podremos evangelizar si antes no hemos sido nosotros evangelizados y bien formados en nuestra fe. Así fue cómo Jesús reunió a los Apóstoles, iniciándolos en el plan divino de salvación. Dios Padre envió a su Hijo, Jesucristo al mundo para salvar a la humanidad. Jesús escogió y luego los envió a que formaran la Iglesia. Ellos transmitieron sus enseñanzas, continuando la obra salvífica inaugurada por Él.

El Señor siempre se compadecía de los débiles. En aquel tiempo, curó a muchos aunque Él sabía que en el mundo siempre habría enfermedades físicas y espirituales. Nos conoce demasiado bien. Y sabe que muchas de nuestras dolencias vienen precisamente del pecado. Podríamos vencer muchas de las penurias de la vida, no solo en nosotros sino también en nuestras familias, solamente siguiendo sus enseñanzas, empezando por dejar el pecado. Todos pecamos. Eso es más que sabido. Fue por esa razón que Cristo dio a los Apóstoles el poder de perdonar los pecados en su nombre. Y ellos trasmitieron ese poder a sus sucesores, los obispos y sacerdotes, que están esperándonos en los confesionarios para sanarnos y limpiarnos de nuestros pecados.

Jesús les dijo a los Apóstoles, "La mies es abundante, pero los trabajadores son pocos". Y les pidió que oraran al Padre para que enviara trabajadores a su mies. Cada uno de nosotros ha recibido una vocación. Cristo nos pide que sigamos esa vocación con perseverancia y nos pongamos al servicio de Dios y de la humanidad. La Iglesia necesita buenos cristianos para que pueda continuar transmitiendo la Buena Nueva que Cristo vino a traer.

El trabajo de la Iglesia debe ser atraer, con responsabilidad, no solamente a los justos sino más bien a los alejados, a los pecadores, para que la obra salvífica de Dios siga realizándose. En la comunidad todos somos iguales. Somos hermanas y hermanos en Cristo. Todos tenemos diferentes vocaciones pero ninguno es más importante que el otro. Si en la comunidad colaboramos todos, se notará en ella hermandad, se notará la presencia de Dios. Debemos recordar que Jesús es el centro de nuestra Iglesia. Nosotros solo somos obreros trabajando para Él

Cada miembro de esta comunidad tiene que dar testimonio valiente de Cristo en medio de un mundo incrédulo y hostil, como lo hicieron los Apóstoles.

Eleventh Sunday of Ordinary Time
Cycle A

Readings: 1) Exodus 19:2-6 2) Romans 5:6-11 3) Matthew 9:36-10:8

Jesus began his public ministry by making himself known, preaching in the regions closest to Galilee. The people listened to him and followed him. The Lord saw in these people so much need for physical and spiritual care that he felt sorry for them. They were strung out and abandoned like sheep without a shepherd. Jesus came to this world with a mission: to save humanity from sin. To help him in this mission he chose twelve Apostles who would be the ones who would have to continue the work of salvation that he had started. They would be, in the future, the ones who would be sent. He gave them the power "to drive out unclean spirits and to cure every disease and every illness." For the apostles this was their initiation into the mission that they would have to continue: to gather together the flock that had dispersed, to protect it, and to guide it to salvation.

Jesus sent them first to the Jewish people who God had chosen centuries before to be his people. Christ wanted to begin his work of reconciliation by sending his Apostles to the Jewish community in which they had been born and grew up. In this way the Lord wanted to show that we cannot evangelize if we have not been evangelized ourselves and well instructed in our faith. That was why Jesus gathered his Apostles, teaching them about the divine plan for salvation. God the Father sent his Son, Jesus Christ, to the world to save humanity. Jesus chose and later sent them to form the Church. They would transmit his teachings, continuing the work of salvation that he had started.

The Lord always felt sorry for the weak. In those times, he cured many, even though he knew that in the world there would always be physical and spiritual sicknesses. He knows us very well. And he knows that many of our illnesses are caused by sin. We could overcome the sorrows of this life, not only for us but also for our families, if we only followed his teachings, beginning with turning away from sin. We all sin. That is more than evident. It was because of this that Christ gave his Apostles the power to pardon sins in his name. And they transmitted that power to their successors, the bishops and priests, who are waiting for us in the confessionals to heal us and cleanse us of our sins.

Jesus said to the Apostles, "the harvest is great but the workers are few." And he asked them to pray to the Father to send more workers to the harvest. Each one of us has a vocation. Christ asks us to follow that vocation with perseverance and to place ourselves at the service of God and of humanity. The Church needs good Christians so that it can transmit the Good News that Christ came to bring us.

The work of the Church should be to attract, responsibly, not only the just but also, more importantly, those who have strayed, the sinners, so that the salvific work of God can continue to be realized. In the community we are all equal. We are sisters and brothers in Christ. We have different vocations but none of them is more important than others. If in the community we all work together, there will be more fraternity; God's presence will be felt more. We should remember that Jesus is the center of our Church. We are only laborers who work for him.

Each member of this community has to give courageous testimony of Christ in the midst of an unbelieving and hostile world, as the Apostles did.

Duodécimo Domingo del Tiempo Ordinario
Ciclo A

Lecturas: 1) Jeremías 20,10-13 2) Romanos 5,12-15 3) Mateo 10, 26-33

Cuando San Mateo escribió su Evangelio, la comunidad cristiana estaba pasando por una época de gran persecución. Estaban amenazados por sus propios paisanos, las autoridades judías. Incluso familiares, amigos y compañeros de trabajo los perseguían como si fueran herejes porque lo que estaban haciendo era seguir con fidelidad lo que Cristo les había enseñado. Varios ya habían sufrido el martirio. Otros tuvieron miedo y abandonaron su fe. Hoy, el Evangelio nos relata lo que Nuestro Señor les dijo a los Apóstoles cuando los envió a predicar la Palabra. Ellos fueron los primeros misioneros cristianos. Cristo les envió a proclamar la llegada inminente del Reino de Dios que los judíos tanto habían esperado. Este mensaje era alentador y debieron haberlo recibido con alegría. Jesús ya sabía que mandaba a los Apóstoles como corderos entre lobos. Fue por eso que, antes de enviarlos, les advirtió que serían perseguidos por predicar la Palabra de Dios, que muchos no la aceptarían. Ellos, recordando estas palabras, "No tengáis miedo", se fortalecieron en su fe y siguieron predicando. Los Apóstoles antepusieron valor al miedo y siguieron adelante aunque estuvieron sometidos a grandes presiones

Los cristianos, la mejor aportación que podemos dar al mundo, es anunciar y proclamar, sin miedo, la palabra verdadera tal y como la enseñó Cristo. Nosotros también estamos viviendo una crisis aguda de fe. Hoy en día hay mucha confusión sobre la verdadera doctrina de Cristo. Dadas estas circunstancias, muchos cristianos no están reaccionando positivamente. No la defienden con valentía. Habrá que recordar lo que nos dice Jesús en el Evangelio, "si uno se pone de mi parte ante los hombres, yo también me pondré de su parte ante mi Padre del cielo. Y si uno me niega ante los hombres, yo también lo negaré ante mi Padre en el Cielo".

Al igual que los Apóstoles, nosotros también estamos expuestos a ser despreciados, ridiculizados y, en ocasiones, hasta perseguidos por defender nuestra fe. E igual que a los Apóstoles, Jesús nos dice, "No tengáis miedo". Si Él ve que le estamos defendiendo, nos dará confianza y valentía para pregonar libremente su palabra. Y con su ayuda venceremos las dificultades adversas. A lo único que un cristiano debe tener miedo es a vivir en pecado y más aún, a vivir en pecado y sin propósito de enmienda. Por el pecado perdemos a Dios y sin Dios no somos nada. Sin su ayuda, ¿a dónde iremos? En este mundo está comprobado que en las dificultades, muchas veces nos abandonan familia y amigos. Sin Él, ¿de dónde nos vendrá la ayuda?

La Primera Lectura puede darnos el valor que necesitamos para seguir adelante con nuestra fe comprobando las persecuciones e intrigas que el profeta Jeremías tuvo que padecer por Dios. Los poderosos, además de burlarse del profeta, le hacían la vida imposible. Y no solo ellos. Toda la comunidad eran sus enemigos. El motivo era que Jeremías denunciaba el pecado y la mala vida que estaban llevando. Y aunque fue presionado, él siguió firme en la fe. Se daba, él mismo, valentía, pensando que el Señor estaba con él y que no debía temer a sus enemigos. Nunca permitió hacerse cómplice con el pecado de ellos. Hoy ocurre también que al hablar, con fidelidad, la palabra de Dios nos sentimos incomprendidos y, a veces, hasta odiados. A diferencia de Jeremías, hay muchos que por miedo prefieren permanecer callados o unirse en el pecado con los otros. No cometamos esa barbaridad. Tenemos que defender nuestra fe, venciendo el miedo. Hoy, más que nunca, necesitamos pregonar nuestra fe a los cuatro vientos y, como decía San Pablo, "a tiempo y a destiempo" (2 Tim 4:2).

Twelfth Sunday in Ordinary Time
Cycle A

Readings: 1) Jeremiah 20:10-13 2) Romans 5:12-15 3) Matthew 10:26-33

When Saint Matthew wrote his Gospel, the Christian community had gone through a period of great persecution. Their own people, the Jewish authorities, threatened them. Even their own family members, friends and fellow workers persecuted them as if they were heretics because what they were doing was following faithfully what Christ had taught them. Many had already suffered martyrdom. Others were overcome by fear and abandoned their faith. Today, the Gospel Reading tells us what Our Lord told his Apostles when he sent them out to preach the Word. They went out as the first Christian missionaries. Christ sent them to proclaim the imminent arrival of the Kingdom of God. This message was heartening and should have been received with great joy. Jesus already knew that he was sending his Apostles out like sheep among wolves. For that reason, before he sent them, he warned them that they would be persecuted for preaching the Word of God, that many would not accept it. They, remembering his words: "Do not fear," were strengthened in their faith and they continued preaching. The Apostles fought fear with courage and they kept moving ahead even though they were under great pressure.

The best gift that we can give to the world as Christians is to announce and proclaim, without fear, the true Word, just as Christ taught. We also are living through a profound crisis of faith. Today there is much confusion about what the true doctrine of Christ is. Under these circumstances, many Christians are not reacting positively. They do not defend the faith with courage. We should remember what Jesus tells us in the Gospel Reading, "Anyone who acknowledges me before others I will acknowledge before my heavenly Father. But whoever denies me before others, I will deny before my heavenly Father."

Just like the Apostles, we are also likely to be despised, ridiculed and, on occasion, even persecuted for defending our faith. Just as he said to the Apostles, Jesus says to us, "Do not be afraid." If he sees that we defend him, he will give us the confidence and courage we need to proclaim his Word freely. And with his help we can overcome adverse difficulties. The only thing that a Christian should be afraid of is living in sin and, even more, living in sin without wanting to ask for forgiveness. Through sin we lose God and without God we are nothing. Without his help, to whom can we turn? In this world we can see that when there are difficulties many times even our own families and friends abandon us. Without God, to whom can we turn for help?

The First Reading can give us the courage we need to continue forward with our faith as we see the persecutions and intrigues that the prophet Jeremiah had to suffer for God. The powerful, more than just mocking the prophet, made his life impossible to live. And not only them. All of the community was his enemy. The reason was that Jeremiah denounced the sins they committed and the bad lives that they lived. Even though he was pressured, he stood firm in the faith. What gave him courage was to think about how the Lord was with him and that he did not have to fear his enemies. He never allowed himself to become an accomplice in the sins of others. Today the same thing happens to us when we try to talk faithfully about the Word of God, we feel misunderstood and, at times, even hated. Unlike Jeremiah, there are many who, because of fear, prefer to remain silent and support the sins of others.

Let us not act in that barbaric manner. We must defend our faith by overcoming fear. Today, more than ever, we need to proclaim our faith everywhere and, as Paul said, "whether it is convenient or inconvenient" (2 Tim 4:2.

Decimotercer Domingo del Tiempo Ordinario
Ciclo A

Lecturas: 1) 2 Reyes 4, 8-11. 14-16 2) Romanos 6, 3-4. 8-11 3) Mateo 10, 37-42

Jesús dice en el Evangelio que el que ama a su padre, a su madre, a su hijo, a su hija más que a Él, no es digno de Él. Esta lectura nos enseña que seguir a Cristo no se puede hacer tan a la ligera como algunos piensan. No se puede tener un "Dios de bolsillo" para cuando convenga. Las palabras del Evangelio a algunos les pueden sonar duras. E incluso pueden pensar, "Dios no me puede pedir eso.". Personas que dicen o piensan cosas así no conocen su propia religión. No conocen los mandamientos. Porque si los conocieran, sabrían que el más importante dice, amarás al Señor tu Dios con todo tu corazón, con toda tu alma y por encima de todo.

En nuestras propias familias y conocidos hemos visto en más de una ocasión que si algún miembro de la familia no desea ir el domingo a la iglesia ó ha hecho planes para ir a algún otro sitio, aunque la madre, esposa o hijos deseen ir, su decisión no es enérgica y cede ante la presión. Puede ser que ese domingo, y quizás otros, toda la familia se quede sin oír la Santa Misa. Quizás no saben que el no hacerlo es pecado mortal. El Señor solamente nos pide una hora a la semana. Y esa hora tenemos la obligación de dársela. Estas personas no están obedeciendo el más importante de los mandamientos porque primero tenemos que poner a Dios ante todo.

Y qué me dicen de los que pregonan con un cinismo aterrador y hasta con orgullo, "Yo soy Católico, creo en Dios, pero no voy a la iglesia. No practico." Y añaden otra retahíla: "Yo no tengo que ir a la Iglesia para rezar. En mi casa tengo un altarcito y allí es donde rezo a mi Dios". Tener que oír estas conversaciones es escalofriante. Para empezar, estas personas tienen que saber que si no van a la iglesia, no oyen la Santa Misa, seguramente no se confiesan ni reciben el Cuerpo y la Sangre de Cristo. No escuchan la palabra de Dios. En este caso, su altarcito y sus oraciones no sirven de nada. Se han alejado de la Iglesia, y se han alejado de Dios. Sin oír la palabra y recibir el alimento de la Sagrada Eucaristía, se quedan débiles en la fe. Satanás, que siempre está al acecho, tiene vía libre para incordiar. Los meterá en problemas serios. Al no tener la protección de Dios, van a la deriva espiritualmente.

Pero no solamente hay los que no practican y que presumen de ser Católicos, también hay los que van a la Misa dominical, dicen que aman a Dios pero, con su comportamiento enseñan que lo están haciendo muy descuidadamente. Usan la Iglesia como si era la plaza del pueblo, visten inadecuadamente, prestan poca atención a las lecturas de la Misa, van a la iglesia solamente como un sitio donde me dejo ver y veo a mis conocidos. No cabe menos que preguntarse, "Están en la Casa de Dios, ¿cómo pueden comportarse así?" Por favor, seamos responsables con Dios. La Misa es lo más grande que tiene nuestra religión. Y, para nosotros, será más grande aún si en ella recibimos a Cristo confesados y en gracia. La Santa Misa es la oración en comunidad por excelencia. Y las lecturas que escuchamos en ella nos ayudan a conocer más a Dios.

Si en una familia hay solamente uno que se siente mal por dejar la Misa, y los suyos no quieren ir, esa persona debe saber que tiene que imponerse, incluso aunque todos se pongan en contra. Debe decir, "vosotros no vais pero yo sí voy". Así es como se defiende a Dios y se cumple lo que nos pide Jesús en el Evangelio. Y si defendemos a Dios, Él nos defenderá a nosotros. Y quizás, con este comportamiento consiga un día traer a su familia a la iglesia y a Dios.

Thirteenth Sunday in Ordinary Time
Cycle A
Readings: 1) 2 Kings 4:8-11, 14-16 2) Romans 6:3-4, 8-11 3) Matthew 10:37-42

Jesus says in the Gospel Reading that whoever loves his or her father, mother, son or daughter more than him, is not worthy of him. This reading shows us that following Christ cannot be taken lightly, as some think. We cannot have "God in our pocket" so we can take him out when we want to. The words of the Gospel Reading to some may appear to be harsh. And some may even think, "God would never ask me to do that." People who say and think things like that don't understand their own religion. They don't understand the commandments. Because if they did, they would know that the most important one says, you will love the Lord your God with all of your heart, with all of your soul and more than anything.

In our own families and friends, we have seen on more than one occasion that if some member of the family does not want to go to church on Sunday or has made plans to go elsewhere, even if the mother, wife or children want to go, they are not decisive enough and they yield under the pressure. It could be that on that Sunday, and maybe on others, all of the family ends up not going to Mass. Maybe they don't know that not to do so is a mortal sin. The Lord only asks for an hour of our time every week. And we have an obligation to give him that hour. These people are not obeying the most important of the commandments because we have to place God before everything else.

And what do you say about those who proclaim with a terrifying cynicism and even with pride, "I'm Catholic, I believe in God, but I don't go to church. I don't practice my faith"? Then they add on some more by saying, "I don't have to go to church to pray. In my house I have a little altar and that is where I pray to my God." Hearing something like this is chilling. To begin with, these people have to know that if they do not go to Mass, they surely don't go to confession nor do they receive the Body and Blood of Christ. They certainly don't hear the word of God. In a case like this, their little altar and their prayers aren't worth anything. They have distanced themselves from the Church and distanced themselves from God. Without hearing the word or receiving the sustenance of the Holy Eucharist, they become weak in their faith. Satan, always ready to attack, has a clear opening. He will ensure they get into serious problems. Without the protection of God they end up adrift spiritually.

But there not only are those who practice and who boast of being Catholics, there are also those who go to Sunday Mass, say they love God but, by their conduct, they show that they do this in a very casual manner. They treat the church as if it was the town square; they dress inappropriately, pay little attention to the readings at Mass, and go to church only because it is a place to be seen and to see their friends. We have to ask ourselves, "They are in the House of God, how can they behave that way?"

Please, let us act more responsibly with God. The Mass is the greatest thing in our religion. And, for us, it is greater still, if we receive Christ after confessing our sins and in the state of grace. The Holy Mass is the prayer in community *par excellence.* And the readings that we hear during Mass help us to know God better.

If, in a family, there is only person who feels bad about missing Mass and the other family members don't want to go, that person should try to make the others go, even if it means going against their wishes. He or she should say, "If you don't go, I will." That is the way to defend God and to do what Jesus asks of us in the Gospel. And if we defend God, he will defend us. And maybe our behavior will one day bring our family to church and to God.

Decimocuarto Domingo del Tiempo Ordinario
Ciclo A

Lecturas: 1) Zacarías 9, 9-10 2) Romanos 8, 9. 11-13 3) Mateo 11, 25-30

Dice el Señor en el Evangelio, "cargad con mi yugo y aprended de mí... y encontrareis vuestro descanso". El yugo se usa para unir los esfuerzos de dos animales que suelen ser bueyes. Con el yugo pueden tirar ambos de una carreta y el peso se reparte. El más fuerte ayuda al débil a soportar el peso de la carga. El yugo del que habla el Señor son sus enseñanzas. Él bien sabe que los Diez Mandamientos de Dios a muchas personas les parecen difíciles de cumplir, algunos creen que hasta imposible. La razón es la siguiente: no quieren dejar las cosas del mundo. Por eso no pueden seguir los mandamientos. Pero el que se esfuerza por obedecer a Dios descubre que todas las cosas en su vida se van poniendo mucho más fáciles. Porque el mismo que hizo los mandamientos nos dará la gracia que necesitamos para ir venciendo las tentaciones.

En el Evangelio, el Señor nos invita a acudir a Él siempre, pero más especialmente cuando tenemos serios problemas. En muchas ocasiones el ser humano no sabe a dónde dirigirse ni cómo salir de tantas contrariedades. Y en vez de acudir a Dios, lo dejan, sin comprender que solamente la fe, y el recurrir a Dios, dan la fuerza para no desesperar. Jesús dice, 'Venid a mi todos los que estáis cansados y agobiados y yo os aliviaré". Para personas que siguen más las demandas mundanas que las de Dios, estas palabras pueden serles difíciles de entender. Pero deben saber que si no recurren a Dios, pidiéndole ayuda, encontrarán desesperación, depresiones, y caerán, como se dice vulgarmente, en un pozo ciego. Tenemos que admitir que el mundo tiene problemas y los tendrá siempre. Unas veces las dificultades las tendremos unos y otras veces, otros. Debemos saber que la vida no es un camino de rosas. Nadie, en este mundo está exento de contrariedades. Son las cruces que todos tenemos que llevar cada día. Reconozcamos que somos de Dios, que somos seres limitados, que por nuestra cuenta no podremos hacer nada. Admitamos que la ayuda nos viene de Dios. Tenemos otra obligación: reflexionar sobre uno mismo para poder detectar si parte de los problemas que tenemos los estamos causando nosotros mismos con pecado, ambición de dinero, bienes ó poder. Quizás querer tener más nos quita la paz y la energía para seguir a Dios con más rectitud.

En la Primera Lectura, el profeta Zacarías nos muestra que el pueblo judío también tenía problemas. Y nos deja ver que en el mundo siempre los ha habido y los habrá. No son de hoy. En aquel tiempo, la comunidad estaba esperando la llegada del Mesías Prometido que, según ellos, resolvería todas sus dificultades. Esperaban un Mesías violento, guerrero y triunfante. Zacarías les hizo ver que el Mesías esperado vendrá defendiendo a los débiles y a los pobres. Cabalgará, como lo hicieron los antiguos reyes de Israel, en un pollino de borrica. Será un Mesías completamente opuesto al que esperaban. Este Mesías vendrá con humildad, pero con gran poder. Dominará de mar a mar Y, sin ser guerrero o violento, traerá la paz a todas las naciones.

En la Segunda Lectura, San Pablo, hablando a los cristianos de Roma, les advierte sobre las pasiones de la carne, o sea, del pecado. En aquel tiempo San Pablo se lo dijo a la comunidad cristiana. Hoy, a nosotros nos lo dice Cristo: que no nos dejemos dominar por la maldad. La maldad cosecha más maldad, más pecados. Y nos recuerda, como en el Evangelio, que si confiamos solamente en nuestras propias fuerzas nunca podremos vencer al pecado. Pero si somos humildes y dejamos que el Espíritu de Jesús resucitado habite en nosotros, Él nos ayudará.

Fourteenth Sunday of Ordinary Time
Cycle A

Readings: 1) Zechariah 9:9-10 2) Romans 8:9, 11-13 3) Matthew 11:25-30

The Lord says in the Gospel Reading, "Take my yoke upon you and learn from me… and you will find rest." The yoke is used to combine the efforts of two animals, usually oxen. With the yoke they can both pull a cart and the weight is shared. The stronger one helps the weaker one to support the weight of the load. The yoke of which the Lord speaks is his teaching. He knows well that the Ten Commandments of God to many people appear to be difficult to obey, some say even impossible. The reason is that they do not want to leave the things of this world. That is why they cannot follow the commandments. But whoever makes an effort to obey God discovers that everything in life begins to get easier. Because the same one who created the commandments will give us the grace we need to overcome temptations.

In the Gospel Reading, the Lord invites us go to him always but especially when we have serious problems. On many occasions, people do not know where to go or how to overcome so many adversities. And instead of going to God, they leave him, without understanding that only faith and God give us the strength we need not to despair. Jesus says, "Come to me all of you who are tired and are burdened and I will give you rest." For the people who follow what the world has to offer more than God, these words can be difficult to understand. But they should know that if they don't go to God asking him for help, they will encounter desperation, depression and they will fall, as they say, in a hole. We have to admit that the world has problems and will always have them. Sometimes we will have the problems other times others will have them. We should know that life is not a bed of roses. No one in this world is exempt from problems. They are the crosses that we all have to bear every day. Let us recognize that we belong to God, that we are limited beings, that on our own we can do nothing. Let us admit that help comes to us from God. We have another obligation: to reflect on our own actions so as to see if some part of our problems are caused by our own sins, our own ambition for money, goods or power. Maybe wanting to have more takes away the peace and energy that we need to follow God.

In the First Reading, the prophet Zechariah shows us that the Jewish people also had problems. And he lets us see that there have always been problems and there always will be. It is not a new thing. In those times, the community was waiting for the arrival of the promised Messiah who, according to them, would resolve all of their difficulties. They awaited a Messiah who was violent, a triumphant warrior. Zechariah made them see that the awaited Messiah would defend the weak and the poor. He would ride, as the Kings of Israel did, on the colt of a burro. He would be a Messiah completely opposed to the one they wait for. This Messiah would come in humility but with great power. He would dominate from sea to sea. And, without being a warrior or violent, he would bring peace to the nations.

In the Second Reading, Saint Paul, speaking to the Christians of Rome, warns them about the passions of the flesh, in other words, about sin. At that time, Saint Paul said it to the Christian community. Today Christ says to us: don't allow yourself to be mastered by evil. Evil brings more evil, more sin. And Jesus reminds us, as in the Gospel Reading, that if we trust only on our own strength we will never overcome sin. But if we are humble and we allow the Spirit of the risen Jesus to dwell in us, he will help us.

Decimoquinto Domingo del Tiempo Ordinario
Ciclo A

Lecturas: 1) Isaías 55,10-11 2) Romanos 8,18-23 3) Mateo 13,1-23

Dice San Mateo en el Evangelio, que en una ocasión Jesús salió de casa y se dirigió al Lago de Genesaret. Al llegar, vio tanta gente que decidió subirse a una barca. Se sentó y les expuso la Parábola del Sembrador. Esta parábola no fue dirigida solamente a las personas allí reunidas y a los Apóstoles, sino también a toda la humanidad, llamándonos a la conversión.

Quizás eligió este tema porque en la región de Galilea y sus alrededores, en aquella época, el terreno era sumamente árido. Había muchas colinas. La tierra no era fértil y daba poco fruto. Probablemente usó esta manera de hablar porque quería acoplar la parábola a la mentalidad y a la manera de hablar de aquella gente. En los tiempos de Jesús incluso los Maestros de la Ley utilizaban comparaciones similares. Seguramente lo hacían porque había, como hay en esta época, personas que, como dijo el Señor, "miran sin ver y escuchan sin oír ni entender".

Ni los tiempos ni las personas han cambiado mucho desde entonces hasta ahora. Muchas veces comprobamos que cuando se lee el Evangelio, ó se predica la Palabra, hay personas que no prestan la más mínima atención. Y hay otras que, demostrando muy mala educación y muy poco interés en la Palabra de Dios, se ponen a leer cualquier libro que encuentran a su alcance. Con ese comportamiento nunca podrán asimilar lo que Dios les está diciendo. Están despreciando a Dios y lo que Él dice. Debido a eso, como no escuchan las lecturas, la Palabra no germina en ellos. Al no escucharla, no la entienden y no la ponen en práctica. Así que llega el Maligno con sus tentaciones, no le ponen resistencia y caen en pecado. Hay otros que sí escuchan la Palabra, incluso la aceptan con alegría, demostrando optimismo mientras están en la iglesia. Pero no son perseverantes. No profundizan en la fe. Su entusiasmo se disipa rápidamente y van perdiendo la poca fe que tenían. También hay los que escuchan la Palabra de Dios pero la ambición, el deseo de adquirir y tener, ahoga la semilla y no da fruto.

En la Primera Lectura, el profeta Isaías habla al pueblo judío. Les dice que la Palabra de Dios es como la lluvia que cae del cielo y hace germinar la semilla del sembrador. Nos dice Dios, por mediación de Isaías, "Así será la palabra que sale de mi boca". Sabemos que la Palabra de Dios es productiva y poderosa pero también sabemos que, aunque tiene fuerza vivificadora, solo dará vida a los que la escuchan, la siguen y cumplen sus preceptos.

San Pablo, en la Segunda Lectura, hablando a los cristianos de Roma, les dice algo que a nosotros nos es muy conocido: que en el mundo hay guerras, sufrimientos y grandes angustias. La creación entera grita y sufre como una parturienta con dolores de parto. A pesar de estar el mundo con tanta calamidad, muchas personas siguen apegándose a las cosas que ofrece, hasta tal punto que les hace olvidar que existe Dios. Y van cayendo en pecado trayendo más sufrimiento a ellos mismos y al mundo.

Tengamos en cuenta que es Dios el que esparce la semilla de su Palabra. Y esta es para todos. Si encuentra en nosotros buena tierra, germinará y dará fruto, haciéndonos ver que todo lo que nos ofrece el Maligno es engaño y mentiras. Todos hemos recibido la gracia para recibir bien la semilla. Si en nosotros se marchita y muere, no es culpa del sembrador, ni de la semilla, sino de cómo la recibimos. Pongamos la esperanza en Dios porque El nunca defrauda.

Fifteenth Sunday of Ordinary Time
Cycle A

Readings: 1) Isaiah 55:10-11 2) Romans 8:18-23 3) Matthew 13:1-23

Saint Matthew says in the Gospel Reading, that on one occasion Jesus went to Lake Genesaret. When he arrived, he saw so many people that he decided to climb into a boat. He sat there and told them the Parable of the Sower. This parable was not directed solely at the people gathered there and to the Apostles, but also to all humanity, calling on us to repent.

Maybe he chose this topic because in the region of Galilee and its surroundings, at that time, the land was very arid. There were many hills. The earth was not fertile and it gave little fruit. He probably used this way of talking because he wanted to couple the parable to the mentality and the manner of speech of those people. In Jesus time even the Masters of the Law used similar comparisons. Surely he did it because there were, at that time, people who, as the Lord said, "Look without seeing and hear without listening or understanding."

Neither the times nor the people have changed much since then. Many times we see that when the Gospel is read or the Word is preached, there are people who don't pay any attention. And others, showing bad manners and very little interest in the Word of God, begin reading whatever book is close at hand. With this behavior they can never assimilate what God is saying to them. They show their contempt for God and what he is saying. Because of this, since they don't listen to the readings, the Word does not take root in them. Since they do not listen, they do not understand and they do not put what is said into practice. So when the Evil One, with his temptations, comes along, they do not resist him and the fall into sin. There are others who do listen to the Word; they even do so joyfully, demonstrating their optimism while they are in church. But they do not persevere. They do not study their faith. Their enthusiasm rapidly dissipates and they lose the little faith they had. There are also those who listen to the Word of God but ambition, the desire to acquire and have things, choke the seed of their faith and it gives no fruit.

In the First Reading, the Prophet Isaiah talks to the Jewish people. He tells them that the Word of God is like the rain that falls from the sky and makes the sower's seed germinate. God tells us, through Isaiah, "So shall be the word that goes forth from my mouth." We know that the Word of God is fertile and powerful but we also know that even though it has a life-giving force, it can only give life to those who listen, following and obeying its commandments.

Saint Paul, speaking to the Christians of Rome, tells them something that to us is very well known: that in the world there is war, suffering and great sorrow. All of creation cries out and suffers like a woman in labor. In spite of there being in the world so much sorrow, many people become attached to the things the world has to offer; so much so that they make them forget that God exists. And they fall into sin bringing more suffering to themselves and to the world.

Let us remember that God is the one who sows the seed of his Word. And it is for all of us. If it encounters in us good soil, it will germinate and give fruit, making us see that everything that the Evil One offers us is delusion and lies. We have all received the grace we need to receive the seed well. If in us it withers and dies, it is not the fault of the sower, nor of the seed, but of how we received it. Let us place our hope in God because he will never deceive us.

Decimosexto Domingo del Tiempo Ordinario
Ciclo A

Lecturas: 1) Sabiduría 12,13. 16-19 2) Romanos 8, 26-27 3) Mateo 13, 24-43

El domingo pasado, al igual que este domingo, Jesús, en el Evangelio, se expresa en parábolas. Hoy nos habla del trigo y la cizaña. Pocas personas habrá que no conozcan esta planta: la cizaña. Es muy similar al trigo antes de ser formada la espiga. Pero cuando el trigo está maduro y listo para la siega es cuando se ve la diferencia. La cizaña es venenosa y su espiga es más delgada que la del trigo.

Todos los cristianos debiéramos ser trigo sin cizaña. Pero, para desgracia nuestra y del mundo, no hay nadie, por muy santo que sea, que en alguna ocasión no le salga la cizaña. Tenemos la obligación de ir arrancando la maldad de nuestros corazones, evitando que la cizaña mate el trigo. Los medios de comunicación, la televisión, las modas, nos empujan a mezclar en nosotros lo bueno con lo malo. Fomentan más la cizaña que el trigo. Esto es así porque estamos viviendo en un ambiente anticristiano. Tengamos presente siempre que el sembrador que esparce la cizaña alrededor del mundo es Satanás. Y se vale de diferentes maneras y de diferentes personas. Tiene sus títeres a los que maneja muy bien. Algunos con la televisión pasan demasiadas horas viendo novelas, películas indecentes, programas de violencia. A la vez, están desatendiendo sus obligaciones. Y es más. Satanás consigue que a estas personas, lo que hacen, les parezca natural. Claro que ya sabemos que el mundo de hoy en nada ve pecado. A otros les coge por la moda. Observamos a personas que, no solamente en las playas o discotecas, sino en cualquier sitio, visten obscenamente. Hasta en la Iglesia hay quien usa ropa provocativa y fuera de lugar.

La meta de Satanás es manejarnos a su antojo y alejarnos de Dios. ¿El motivo? Odia a Dios y también odia a la Iglesia Católica que Cristo fundó. Trata de esparcir la mala semilla incluso dentro de la Iglesia. Quiere debilitarnos en la fe y separarnos de ella. El Maligno no descansa. Siempre está acechándonos, intentando hacernos dudar de nuestra fe, intentando hacernos caer en pecado. Usa miembros de sectas que merodean nuestras comunidades tratando de engañar a los que no conocen bien su fe o no están llevando bien su religión. Estas sectas mezclan las enseñanzas verdaderas de Cristo con enseñanzas engañosas y falseadas. Así esparcen cizaña, con el fin de llevarse alguno de nuestra iglesia. Y hasta consigue Satanás que algunos Católicos se queden impasibles ante hechos como estos, como si fuera algo natural que a ellos ni les va ni les viene. Pues, no. Como Católicos tenemos que defender nuestra Iglesia. Si vemos o escuchamos cosas contra nuestra religión, no podemos callarnos. Si lo hacemos, pecamos de omisión. Las sectas están tratando de derribar los cimientos de nuestra fe. Y, aunque duele decirlo, muchas veces el Maligno se sale con la suya. Tiene muchas formas de sembrar discordia en la Iglesia. Gracias a Dios, nos dan confianza las palabras que dijo Cristo, que Él nunca abandonará su Iglesia y que las puertas del Infierno no prevalecerán contra ella. (Mt 16,18) A pesar de los problemas por los que está atravesando, a pesar de tantas mentiras difundidas sobre ella, nos consuela ver que nuestra Iglesia sigue creciendo. Y tenemos la plena convicción que nunca va a ser vencida por mucho que los malvados lo intenten.

Las palabras de Jesús en el Evangelio son perfectas para meditarlas: "Lo mismo que se arranca la cizaña y se quema, así será el fin de los tiempos". Cristo promete que enviará a sus ángeles y arrancarán de su Reino "a todos los corruptores y malvados y los arrojarán al horno encendido". También promete que los justos, los que perseveran fielmente en su fe, recibirán su recompensa y brillarán como el sol en el Reino de su Padre. Prestemos atención a estas palabras. El que tenga oídos que oiga.

Sixteenth Sunday of Ordinary Time
Cycle A

Readings: 1) Wisdom 12:13, 16-19 2) Romans 8:26-27 3) Matthew 13:24-43

Last Sunday, as on this Sunday, Jesus, in the Gospel Reading, expresses himself by using a parable. Today he talks to us about wheat and weeds. Few are the people who don't recognize this weed: darnel. It is a weed that is similar to wheat in its first stages of growth. But when the wheat is ready to be harvested, the difference is evident. Darnel is poisonous and the stalk is thinner.

All Christians should know the difference between wheat and weeds. But, unfortunately for us, and for the world, there is no one, not even the most saintly, who on occasion does not show a little darnel in his or her lives. We have the obligation of tearing out the evil that exists in our hearts, ensuring that the weeds do not kill the wheat. The communication media, television, fashion, push us to mix the good with the bad. They encourage more growth of darnel than wheat. This is because we live in an antichristian world. We should remember always that the sower who sows darnel around the world is Satan. And he uses various ways of doing this and various people. He has his puppets that he moves about very well. Some people spend too many hours watching television soap operas, indecent movies, violent programs. At the same time, they disregard their obligations in the home. And even more. Satan gets people to see that what they are doing is natural. Of course, we already know that the world today sees nothing as sinful. Other people are enticed by fashion. We see people, and not only on the beach or in discotheques but everywhere, who dress indecently. Even in church there are those who dress provocatively and out of place.

Satan's goal is to control us and separate us from God. The motive? He hates God and he also hates the Catholic Church that Christ founded. He tries to sow bad seed inside of the Church. He wants to weaken our faith and separate us from her. The Evil One does not rest. He is always on the hunt, trying to make us doubt our faith, trying to make us fall into sin. He uses members of sects who prowl about our communities trying to deceive those who do not know their faith well or are not living out their religion. These sects mix the true teachings of Christ with false and deceptive teachings. They sow darnel, trying to take some of our congregation to their church. And Satan even gets some Catholics to remain impassive as these things go on, as if this were something natural that is not important to them. Well, I say no. As Catholics we have to defend our Church. If we see or hear someone do or say something against our religion, we cannot remain silent. If we do, we sin by omission. The sects are trying to undermine the foundation of our faith, and, even though it hurts to say so, many times the Evil One gets what he wants. He has many ways to sow discord in the Church. Thank God, we have the words that Christ said, that he would never abandon his Church and that the gates of Hell would not prevail against her. (Mt 16:8) In spite of the problems that she is going through, in spite of so many lies that are spread about her, it consoles us to know that the Church continues to grow. We have the firm conviction that she will never be conquered in spite of the many attempts by evil people to do so.

Jesus' words in the Gospel Reading are perfect for meditation: "Just as weeds are collected and burned with fire, so will it be at the end of the age." Christ says that he will send his angels who will collect "all who cause others to sin and all evildoers and throw them into the fiery furnace." He promises that the just, those who remain faithful, will receive a reward and will shine like the sun in the Kingdom of the Father. Let us pay attention to these words. Whoever has ears, let them listen.

Decimoséptimo Domingo del Tiempo Ordinario
Ciclo A

Lecturas: 1) 1 Reyes 3, 5. 7-12 2) Romanos 8, 28-30 3) Mateo 13, 44-52

Este domingo, el Evangelio nos presenta varias parábolas. En cada una de ellas Jesús habla del Reino de los Cielos. Cuando predicó estas parábolas a la gente allí reunida, usó la palabra "Reino" por tres consecutivas veces. El motivo quizás fue para que aquellas personas comprendieran mejor de lo que estaba hablando. Nosotros - y también aquellas personas a las que Jesús hablaba - conocemos, más o menos, cómo son los reinos del mundo con sus envidias, lujurias, falsedades. No nos confundamos. El Señor habla de otra clase de reino, de un reino que no es de este mundo. Habla del Reino de los Cielos que cada uno de nosotros, si lo deseamos, podremos alcanzar.

La primera parábola dice que el Reino de los Cielos se parece a un tesoro escondido en el campo. Esto, lo que quiere decir, es que el Reino ya está aquí en la tierra entre nosotros. No es de este mundo pero está en el mundo porque Cristo está entre nosotros y su Reino está con Él. Podremos participar, aquí en la tierra, de este Reino si vivimos nuestra vida de acuerdo con sus enseñanzas, desprendiéndonos de cosas inútiles y poniendo nuestro empeño en seguirle a Él. Eso es lo que el Señor quiere decir cuando explica que la persona que encuentra un tesoro escondido, "vende todo lo que tiene y compra el campo".

La segunda parábola habla del comerciante que encuentra una perla de gran valor. Esta parábola nos anima a hacer todo lo posible para adquirir esa joya: el Reino de Dios, el Cielo. El comerciante vende todo para adquirirla. Nosotros no tenemos que vender absolutamente nada. El Señor solamente nos pide desprendimiento de cualquier cosa que sea obstáculo para alcanzar esa joya de gran valor. Pueden ser los vicios, odios, desavenencias, antagonismos, en una palabra, todo lo que sea pecado, todo lo que sea un impedimento para obtener la joya de la que Jesús habla. Aún estamos a tiempo. El Evangelio nos pide que no dejemos para después las cosas de Dios. Debemos estar preparados por si el Señor nos llama en cualquier momento.

La tercera parábola habla de la red que se echa en el mar y recoge toda clase de peces. Los pescadores, al volver a tierra, seleccionan la buena pesca y tiran la mala. En esta parábola el Señor habla bien claro de la condenación de los malos. Con esta comparación nos explica lo que sucederá en el Último Juicio. Al final de los tiempos saldrán sus ángeles y separarán los malos de los buenos. Nos está advirtiendo que no se va a salvar toda la humanidad y que tenemos que poner los medios, desde ahora mismo porque cuando nos encontremos con Él, cara a cara, ya será demasiado tarde. Entonces no habrá disculpas Lo que no se hizo, no se hizo. Creer que simplemente por decir, "Creo en Cristo" ó "Señor, Señor", se está salvado es una gran equivocación. Se salvarán los que han cumplido con sus enseñanzas. Para conseguirlo hay que luchar contra nuestras debilidades y tratar, por todos los medios, de estar siempre preparados. Quizás podrá ayudarnos recordar la parábola del domingo anterior donde el Señor dijo que la cizaña será arrancada y quemada pero que el trigo será recogido y almacenado.

Jesús preguntó a los Apóstoles, "¿Entendéis bien todo esto?". Ahora nos pregunta a nosotros: "¿Habéis entendido bien lo que dicen estas tres parábolas del Evangelio de hoy?" Nuestra respuesta debe ser la misma que dieron los Apóstoles: un "Sí" rotundo que será un compromiso sincero que hacemos con Él. Solamente podremos hacer este compromiso si estamos convencidos que la vida que estamos viviendo es digna y tiene sentido para Dios y para nosotros mismos.

Seventeenth Sunday of Ordinary Time
Cycle A

Readings: 1) 1 Kings 3:5, 7-12 2) Romans 8:28-30 3) Matthew 13:44-52

This Sunday, the Gospel Reading contains various parables. In each one of them, Jesus talks about the Kingdom of Heaven. When he preached these parables to the people gathered together, he used the world "Kingdom" three consecutive times. The reason was perhaps so that those people could understand better what he was talking about. We – and those people to who Jesus was talking – know, more or less, what the worldly kingdoms are like with their envy, luxury, falsehoods. Let us not get confused. The Lord is talking about another kind of kingdom, a kingdom that is not of this world. He talks about the Kingdom of Heaven that each one of us, if we want to, can reach.

The first parable says that the Kingdom of God is like a treasure hidden in a field. What he means by this is that the Kingdom is already here, in our midst. It is not of this world but it is in the world because Christ is in our midst and his Kingdom is with him. We could participate, here on earth, in the Kingdom if we live in accordance with his teachings, doing away with useless things and trying with all our strength to follow him. This is what the Lord wants to say when he says that the person who finds the hidden treasure "sells everything and buys the field."

The second parable talks about the merchant who found a pearl of great price. This parable encourages us to do everything possible to acquire that jewel: the Kingdom of God, Heaven. The merchant sold everything he had to buy it. We don't have to sell anything. The Lord only asks us to shun those things that could be obstacles to reaching that pearl of great value. It could be vices, hatreds, discords, antagonisms, in a word, anything that is sinful, anything that is an impediment to obtaining that jewel that Jesus talked about. We still have time. The Gospel Reading asks us not to postpone for tomorrow those things that are God's. We should be prepared, just in case the Lord calls us when we least expect it.

The third parable talks about the net that was thrown into the sea and that caught all kinds of fish. The fishermen, when they returned to land, selected the good fish and threw away the bad. In this parable, the Lord makes clear the condemnation of bad people. With this comparison he explains to us what will occur at the Last Judgment. At the end of time, his angels will go out and separate the bad from the good. He is warning us that not everyone will be saved and that we have to use all means possible, beginning now, because when we encounter him face to face, it will be too late. Then there will be no excuses. What was done is history. To think that simply by saying, "I believe in Christ" or "Lord, Lord" one is saved is a great mistake. Those who have complied with his teachings will be saved. In order to reach that point, we have to fight against our weaknesses and try, by all means possible, to be prepared. Maybe it would help us to remember the parable from last Sunday in which the Lord said that the weeds would be torn out and burned but the wheat will be gathered together and stored in the granary.

Jesus asked the Apostles, "Do you understand all of this?" Now he asks us: "Have you understood well what these three parables in the Gospel Reading today say?" Our answer should be the same as the Apostles: a firm "Yes" that is the sincere promise that we make to him. We can only do what we promise, if we are convinced that the life we are living is worthy and makes sense to God and to us.

Decimoctavo Domingo del Tiempo Ordinario
Ciclo A

Lecturas: 1) Isaías 55,1-3 2) Romanos 8, 35. 37-39 3) Mateo 14,13-21

Dice el Evangelio que cuando supo Jesús que Juan Bautista había muerto, se alejó en una barca buscando un sitio tranquilo y solitario. Debía sentirse muy triste porque amaba mucho a Juan. Y seguramente, como humano, además de triste se sentía decepcionado. Al desembarcar, Jesús vio tanta gente que no pudo menos de sorprenderse. A pesar de estar cansado y terriblemente triste tuvo lástima de aquellas personas. Las vio tan desvalidas y con tantos problemas que pasó muchas horas predicando y haciendo curaciones. Hasta tal punto que los discípulos comenzaron a inquietarse pensando que aquellas personas llevaban todo el día escuchando al Maestro. No habían comido nada. Para llegar allí habían andado gran trecho y la tarde estaba muy avanzada. Les preocupaba también que se encontraran en un lugar solitario y descampado. Las aldeas más cercanas quedaban alejadas.

Los discípulos, aunque dudando si debían hacerlo, decidieron acercarse a Jesús y le dijeron, "Despide a esta gente para que vayan a las aldeas y compren algo de comer". La respuesta que les dio el Maestro les dejó muy sorprendidos: "No tienen porqué irse; denles ustedes de comer". A pesar de la sorpresa, los Apóstoles no replicaron nada. Obedecieron inmediatamente, empezando a buscar algo que pudiera alimentar aquel número tan grande de personas. Al final encontraron cinco panes y dos peces. Se alarmaron, pensando, "Esto no es nada". Y así se lo fueron a decir al Señor. Él mandó que la gente se recostara en la hierba. Y tomando los cinco panes y los dos peces, alzó la mirada al cielo y pronunció la bendición. Este milagro fue espectacular. Comieron más de cinco mil personas. Y todos quedaron satisfechos, y aún sobró mucha comida.

Cuando vieron ese milagro, los Apóstoles no se sorprendieron. Más bien comprendieron mucho mejor la grandeza de Cristo y la insignificancia de los seres humanos. Han pasado siglos desde ese milagro grandioso y vemos que, aunque la humanidad de ahora se cree muy suficiente, no puede quitar la pobreza ni el hambre que hay en este mundo. Tenemos que convencernos que por muy capaces que nos creamos, cuando llegan las dificultades ó las pruebas que nos da la vida, sin Dios no podemos hacer nada. Sabemos que hay, no uno sino varios países, donde la gente muere de hambre. ¿Y que estamos haciendo? El mundo cada vez está peor. Y es que, queramos reconocerlo o no, la ayuda solo nos puede venir de Dios. Muchísimos conocemos muy bien su ayuda. Pero, claro, también sabemos que tenemos que pedírsela. Cuando en la vida tenemos apuros, pedimos ayuda a la persona que creemos nos podrá ayudar. Pero hasta esa persona, si nos ayuda, es por mediación de Dios. Él coge instrumentos que ayudan a otros. Solamente Dios, y nuestra fe en su poder, podrá solucionar la hambruna y la pobreza en esta sociedad. Convenzámonos. Dios es el que lo puede todo. Los Apóstoles así lo vieron. Por eso recurrieron a Él para que ayudara aquel gentío, no solamente con la palabra y en lo espiritual, que ya lo estaba haciendo, sino en lo físico. Y el Señor se compadeció de ellos y respondió como lo hace siempre.

Cuando decimos que Dios escucha y siempre ayuda, hay gente que pone cara de escepticismo. Y hasta dicen, "hay demasiados problemas en el mundo para que Él pueda ayudarnos a todos". Pues yo les digo que sí puede. Si Él quiere, lo puede todo. El problema es que la humanidad no quiere aceptar esta realidad. Trata de valerse por sí misma. Hermanas y hermanos, no se puede llevar la vida a nuestro antojo pensando que podemos solventar nuestros problemas sin la ayuda de Dios. Muchos comprobamos que cuando Él ve que le seguimos, nos recompensa con creces. Como dice el Salmo 126, "¡Dios lo da a sus amigos mientras duermen!"

Eighteenth Sunday of Ordinary Time
Cycle A

Readings: 1) Isaiah 55:1-3 2) Romans 8:35, 37-39 3) Matthew 14:13-21

The Gospel Reading tells us that when Jesus found out that John the Baptist had died, he went out on a boat looking for a peaceful, deserted place. He probably felt sad because he loved John. And surely, as a human being, besides being sad, he felt disappointed. When he disembarked, Jesus was very surprised to see so many people. In spite of being tired and terribly sad, he had pity on those people. He saw that they were so in need and with so many problems that he spent hours preaching and curing them. It got to a point where the disciples began to be worried, thinking that those people had spent all day listening to the Master. They had eaten nothing. To get there they had walked a great distance and the evening was waning. They were also worried because they were in a deserted and solitary place. The closest villages were far away.

The disciples, even though they doubted whether they should do so, decided to approach Jesus and they said, ""dismiss the crowds so that they can go to the villages and buy food for themselves." The answer that the Master gave them surprised them, "There is no reason for them to go away; give them some food yourselves." In spite of being surprised, the Apostles did not reply. They obeyed immediately, looking for something that would feed that great number of people. They finally found five loaves of bread and two fish. They were alarmed, thinking, "This is nothing." And that is what they said to the Lord. He told them to get the people to sit down on the grass. And taking the five loaves of bread and the two fish, he looked up to heaven and pronounced the blessing. This miracle was spectacular. More than five thousand people ate. And everyone was sated and a lot of food was left over.

When they saw this miracle, the Apostles were surprised. Maybe it is better to say that they understood better the greatness of Christ and the smallness of human beings. Centuries have gone by since this great miracle and we see that even though humanity today thinks that it is self-sufficient, it has been unable to overcome the poverty and the hunger that exists in this world. We have to convince ourselves that even though we think that we can do anything, in the face of difficulties and problems that life brings, without God we can do nothing. We know that there are, not just in one country but in many, people dying of hunger. What are we doing about this? The world is worse off every day. And the reason is that, whether we like it or not, help can only come from God. Many of us already have felt his help. When we have problems in life, we ask for help from the person who we believe will most be able to help. But even that person, if he or she decides to help, does so through God's mediation. He provides instruments to help others. Only God, and our faith in his power, can resolve the problem of hunger and poverty in our society. Let us convince ourselves of this. God can do anything. The Apostles saw this. That is why they went to him to help those people, not only with his word and in the spiritual realm, which he was already doing, but also in the physical realm. And the Lord felt sorry for them and responded, as he always does.

When we say that God listens and always helps, there are people who look on us with skepticism. They even say, "There are too many problems in the world for him to help all of us." Well I say to you that he can. If he wants to, he can do anything. The problem is that humanity is not willing to accept this reality. They try to do things on their own. Sisters and brothers, we cannot live life thinking that we can resolve all of our problems without God's help. When he sees that we are following him, he rewards us amply. As Psalm 126 says, "God rewards his friends while they sleep."

Decimonoveno Domingo del Tiempo Ordinario
Ciclo A

Lecturas: 1) 1 Reyes 19, 9. 11-13 2) Romanos 9,1-5 3) Mateo 14, 22-33

El domingo pasado el Evangelio nos mostró el milagro que Jesús realizó dando de comer a una gran multitud. Este domingo el Evangelio nos muestra otro gran milagro.

Después de la multiplicación de los panes y los peces, Jesús les dijo a los Apóstoles que cogieran la barca y se dirigieran al otro lado del lago mientras Él despedía a la gente. Deseaba quedarse un poco en solitario para orar. Pasó toda la noche orando. Mientras tanto los discípulos luchaban contra el oleaje y el viento huracanado tratando de llegar al sitio indicado. De madrugada Jesús dejó la oración y se fue hacia ellos, andando sobre el agua. El Evangelio nos enseña que Jesús siempre, en los momentos difíciles, estaba en el lugar para ayudar a sus discípulos. En esta ocasión hizo lo mismo. Estaban aterrados en medio de una tormenta con fuertes vientos. A muchos, las tormentas les dan miedo. Y si son grandes pánico. Sabemos todo lo malo que pueden traer. Así que podemos comprender cómo se sentían los Apóstoles. Entonces vieron una figura andando sobre el agua. Esto les asustó aún más. Jesús, para calmarlos, les habló diciendo, "¡Ánimo, no teman, que soy yo!" En esos momentos de pánico los Apóstoles se olvidaron que el Señor, en una ocasión, les había dicho que Él nunca los abandonaría. Los dos últimos milagros nos dan la certeza de que así es. Llegó en el momento que más lo necesitaban y, como siempre, les ayudó.

Las palabras que pronunció el Señor, "¡Ánimo, no teman!", pueden ser eficaces también para nosotros. Muchas veces el miedo y los problemas nos paralizan. E incluso pueden hacer que perdamos la calma y hasta la fe. Esto pudo ser el motivo que los discípulos no reconocieron a su Maestro a pesar de que en ese instante era el único que podía salvarles de aquella tempestad. Cuando lo reconocieron, se tranquilizaron. Pedro dijo, "Señor, si eres tú, manda que yo vaya a ti caminando sobre el agua". Jesús le dijo: "Ven". Sabemos que Pedro era impulsivo. Inmediatamente bajó de la barca y se puso a caminar sobre el agua en dirección a Jesús. Pudo hacerlo por unos instantes pero perdió la fe. Se asustó y no pudo menos que gritar, "¡Señor, sálvame!" Jesús le regañó y le dijo, "Hombre de poca fe, ¿por qué has dudado?" Aquí podemos ver lo importante que es tener fe.

Nuestra Iglesia se fortalece cuando nosotros, los feligreses, somos firmes en la fe. Comprobamos que a veces nuestra fe se debilita. Puede ser debido a una gran depresión ó quizás a que nuestra alma no está recibiendo el alimento que la fortalece ó que no lo está recibiendo bien y, debido a eso, no recibe la nutrición necesaria. Nos debilitamos en la fe cuando nos alejamos de Dios, cuando anteponemos otros intereses a Él. Pedro perdió la fe. Por eso no pudo seguir andando por el agua. El Señor siempre está a nuestro lado esperando que le pidamos, "¡Señor, aumenta nuestra fe!" El siempre ayudó a los Apóstoles y también lo hará con nosotros si pedimos su ayuda.

La Iglesia Católica es conocida como la barca de Jesús. Navega en medio de los vendavales y el oleaje del mundo, balanceándose en medio de todos los problemas que ocurren en él. Estas tempestades han estado ocurriendo desde que Cristo fundó su Iglesia. La Iglesia es una barca en medio del mundo embestida por fuertes huracanes, sacudida por grandes olas debido a que los vientos le vienen contrarios. Así y todo, siempre sale a flote. Así que por muy violentas que sean las tormentas que embisten contra ella nunca podrán hundirla.

Nineteenth Sunday of Ordinary Time
Cycle A

Readings: 1) 1 Kings 19:9, 11-13 2) Romans 9:1-5 3) Matthew 14:22-33

Last Sunday the Gospel Reading showed us the miracle that Jesus performed feeding a great multitude of people. This Sunday the Gospel Reading shows us another miracle.

After the multiplication of the bread and the fish, Jesus told his Apostles to take the boat and go over to the other side of the lake while he dismissed the people. He wanted to be alone for a while to pray. He spent the night in prayer. Meanwhile the disciples struggled against the waves and the hurricane force winds as they tried to get to the place they had chosen. Early in the morning, Jesus stopped praying and went to them walking on water. The Gospel Reading shows us that Jesus always was, when times were difficult, in the right place to help his disciples. On this occasion he did the same thing. They were terrified in the middle of a storm with high winds. Many people are afraid of storms. We know how bad they can be. So we can understand how the Apostles felt. Then they saw a figure walking on the water. This scared them even more! Jesus, to calm them, talked to them saying, "Take heart, do not fear!" In those moments of panic, the Apostles forgot that the Lord, on one occasion, told them that he would never abandon them. The last two miracles show us that is the case. He arrived when they most needed him and, as always, he helped them.

The words that the Lord said, "Take heart, do not fear!" are very important to us also. Many times fear and problems paralyze us. They can even make us lose our calmness and even our faith. This could have been the reason that the disciples did not recognize the Master even though he was the only one who could save them from that storm. When they did recognize him, they calmed down. Peter said, "Lord, if it is you, command me to come to you on the water." Jesus said, "Come." We know that Peter was impulsive. He immediately left the boat and began walking on the water in Jesus' direction. He did it for a few minutes but then he lost faith. He got scared and could only cry out, "Lord save me!" Jesus chided him saying, "Man of little faith, why did you doubt?" Here we can see the importance of having faith.

Our Church is strengthened when we, its members, are firm in our faith. We feel that at times our faith is weak. It could be because we are greatly depressed or maybe because our soul is not receiving the food it needs to strengthen it or that it is not receiving it well and, because of this, we do not receive the nutrition we need. Our faith is weakened when we distance ourselves from God, when we interpose other interests between him and us. Peter lost his faith. That is why he could not continue to walk on water. The Lord is always at our side, waiting for us to say to him, "Lord, strengthen our faith." He always helped the Apostles and he will also help us if we ask for his aid.

The Catholic Church is known as the boat of Jesus. It navigates in the midst of stormy winds and waves of the world, balancing in the midst of all of the problems that occur in it. These storms have been occurring since many years before Christ founded his Church. The Church is the boat in the midst of the world that is buffeted by strong hurricanes, shaken by great waves because the winds many times run counter to her. In spite of all of this, she always remains afloat. Even though the storms that attack her are great, she will never be sunk.

Vigésimo Domingo del Tiempo Ordinario
Ciclo A

Lecturas: 1) Isaías 56,1. 6-7 2) Romanos 11,13-15. 29-32 3) Mateo 15, 21-28

El Evangelio dice que Jesús y sus discípulos salieron hacia Tiro y Sidón, alejándose de su tierra natal. Estas son ciudades costeras. En aquellos tiempos, las dos pertenecían a una región habitada mayoritariamente por los Cananeos. Este grupo de paganos llevaba viviendo allí por siglos. Por algún motivo Jesús cruzó la frontera saliendo del territorio donde vivía. Se adentró en esta región pagana que hoy conocemos como el sur de Líbano. No sabemos la razón por la que llegó allí. Pudo ser porque en Galilea y alrededores, donde se estaba dando a conocer predicando y haciendo sanaciones, se sentía vigilado y perseguido por las autoridades judías y tomó la decisión de alejarse a un sitio más seguro.

Parece ser que los Cananeos ya habían escuchado algo sobre el Maestro. Pudieron haber escuchado sobre su predicación, sus curaciones, sus milagros. Porque de no ser así, ¿por qué la mujer cananea salió al encuentro de Jesús gritando, "Ten compasión de mí, Señor", rogándole que curara a su hija que estaba endemoniada? Jesús se comporto de manera extraña. Hizo como que no oía los gritos. Esta actitud puede traer confusión a algunas personas, especialmente si andan escasas de fe. Habrá hasta quien diga que ese comportamiento fue duro y frío. Viéndole indiferente, los Apóstoles le apremiaron diciendo, "Atiéndela, que viene detrás gritando". La contestación que les dio fue sencilla, "Solo me han enviado a las ovejas descarriadas de Israel". En esa época Jesús evangelizaba solamente a los judíos. Evangelizar a los extranjeros sería, más adelante, ministerio de sus Apóstoles y, después, de todos los miembros de su Iglesia. Llevarían la Palabra a todos los confines de la tierra, reuniendo a todos los pueblos en una sola Iglesia, la que Él estaba preparando y que se iba a formar.

La intervención de la cananea y la presión de los discípulos para que la atendiera, hicieron que Jesús tomara una decisión que no estaba en sus planes. Recordamos que en otra ocasión ocurrió algo similar. Fue cuando su Madre, la Santísima Virgen, en las Bodas de Caná también le presionó para que hiciera algo que tampoco estaba previsto para ese momento. Jesús le contestó, "Mujer, no ha llegado mi hora". En esta ocasión, Jesús les dijo a los Apóstoles que Él había venido a evangelizar "a las ovejas descarriadas de Israel". Pero al escuchar la súplica de la mujer cananea decidió hacer una excepción. Pudo ser la compasión lo que le impulsó a curar a la hija de aquella mujer. Pudo ser que vio la fe que esta mujer pagana tenía. Ante un hombre que ella aún no conocía, demostró que creía plenamente en su poder para sacar el espíritu inmundo de su hija y sanarla. La manera de suplicarle, con humildad y confianza, esto es lo que admiró el Señor. También su tenacidad y su perseverancia le dejaron ver que ella tenía más fe que los propios judíos a los que Él estaba evangelizando.

En la Segunda Lectura, San Pablo nos enseña a no discriminar contra el extranjero. Cuando escribe a los cristianos de Roma, que no eran judíos y que habían sido paganos, él les dice que mientras sea su Apóstol hará honor a su ministerio. Aquí cabe preguntarnos, ¿nuestra comunidad se está comportando como lo hacía San Pablo? Cuando llegan a ella nuevos miembros que traen otra cultura ó hablan de diferente manera, ¿son tratados como intrusos o son tratados con educación y cálidamente? Los cristianos debemos ser conscientes que la iglesia es una comunidad de amor. Ese amor nos lo da Cristo. Y Él quiere que lo demos a los otros, especialmente a los recién llegados, a los nuevos. Todos llegamos un día por primera vez a esta comunidad. Ante los ojos de Dios todos somos iguales. Entonces, ¿por qué hay quien se cree que tiene más privilegio ó más prioridad?

Twentieth Sunday of Ordinary Time
Cycle A

Readings: 1) Isaiah 56:1, 6-7 2) Romans 11:13-15, 29-32 3) Matthew 15:21-28

The Gospel Reading tells us that Jesus and his disciples went to Tyre and Sidon distancing themselves from his birthplace. These are coastal cities. In those times they belonged to a region inhabited mainly by the Canaanites. This group of pagans had lived there for centuries. For some reason Jesus decided to cross the border leaving the territory in which he lived. He entered into this pagan region that today we call the southern Lebanon. We don't know why he went there. It could be because in Galilee, and it surroundings, where he was beginning to make himself known because of his preaching and his healing, he felt spied on and followed by the Jewish authorities and he decided to distance himself to go to a place that was safer.

It appears that the Canaanites had already heard a little about the Master. They probably heard about his preaching, his healing his miracles. If it was not so, why did the Canaanite woman go out to meet Jesus calling out, "Have mercy on me, Lord," pleading with him to cure her daughter who was possessed? Jesus acted strangely. He acted as if he did not hear her calling. This attitude confuses some people, especially those who have little faith. There are even some who say that this behavior was hard and cold. Seeing his indifference, the Apostles came and said to him, "Talk to her, for she keeps calling out." The answer that he gave them was simple, "I was sent only to the lost sheep of Israel." At that time, Jesus only evangelized among the Jews. The evangelization of foreigners would later be a ministry of his Apostles and, afterwards, of the members of his Church. They would take the Word to the ends of the earth, uniting all peoples in one Church, the one that he had prepared and that was being formed.

The intervention of the Canaanite woman and the pressure of his disciples to talk to her, made Jesus decide to do something that was not in his plans. Remember that on one other occasion the same thing happened. It was when his Mother, the Blessed Virgin, at the Wedding Feast of Cana, also pressured him to do something that was not planned for that moment. Jesus answered her, "Woman, my time has not yet come." On this occasion, Jesus told his disciples that he had been sent to evangelize, "the lost sheep of Israel." But when he heard the Canaanite woman he decided to make an exception. It could have been compassion that made him cure the woman's daughter. It could have been the faith that he saw in the pagan woman. In spite of the fact that she did not know this man, she showed that she fully believed in his power to exorcise the unclean spirit from her daughter and cure her. The way she pleaded, with humility and confidence, this was what the Lord admired. Also, her tenacity and her perseverance showed him that she had more faith than the Jews that he was evangelizing.

In the Second Reading, Saint Paul shows us not to discriminate against the foreigner. When he writes to the Christians of Rome, who were not Jews and who had been pagans, he says to them that as long as he is an Apostle he will do honor to his ministry. Here we should ask: does our community act as Saint Paul did? When new members arrive who are from a different culture or speak differently, are they treated as intruders or welcomed courteously and warmly? We Christians should now that the

Church is a community of love. Love is what Christ gives us. And he wants us to give it to others, especially to the newly arrived, to the new ones. We all arrived here for the first time. In God's eyes we are all equal. Then, how is it that there are some who think that they are more privileged or more important?

Vigésimo Primer Domingo del Tiempo Ordinario
Ciclo A

Lecturas: 1) Isaías 22,15. 19-23 2) Romanos 11, 33-36 3) Mateo 16,13-20

El Evangelio nos muestra a Jesús llegando a una región llamada Cesarea de Filipo. Caminando con sus discípulos, les iba haciendo preguntas. Era su manera de conocer mejor cómo germinaba en ellos la enseñanza. Y a la vez estaba, poco a poco, preparándolos, ya que con el paso del tiempo tendrían que ver y comprender cosas inusuales como su sufrimiento, su cruz y su muerte. De improviso les preguntó, "¿Quién dice la gente que es el Hijo del Hombre?" Los Apóstoles le dieron diferentes versiones sobre lo que habían escuchado de las gentes. Jesús también estaba probando la fe de los discípulos, así que les volvió a preguntar, "¿Y vosotros, quién decís que soy yo?" Pedro fue el primero en contestar, "Tú eres el Cristo, el Hijo de Dios vivo". Habló no solamente en su nombre sino en nombre de todos los demás discípulos.

Le gustó al Señor la respuesta de Pedro y le alabó diciendo, "Dichoso tu... porque eso no te lo ha revelado nadie de carne y hueso, sino mi Padre". De esta forma estaba aprobando la fe tan grande que vio en Pedro. Fue entonces cuando le dejó saber que le había elegido como su vicario en la tierra. Le dijo, "Tú eres Pedro y sobre esta piedra edificaré mi Iglesia, y el poder del infierno no la derrotará".

Dos grandes cosas ocurrieron en esta conversación entre Jesús y los discípulos. Primero, la contestación de Pedro, en nombre de todos. Dejó claro que Jesús era el Cristo, el Mesías que el pueblo judío había esperado por generaciones. Pedro seguramente ni se percató de la importancia de su respuesta para el futuro de la Iglesia. Entonces Cristo le dio las llaves del cielo y le aseguró que todas las decisiones que tomara aquí en la tierra serían aprobadas por Dios en el cielo. Cristo fundó la Iglesia. Él es su cabeza. Pedro y los Apóstoles, y después sus sucesores, serían los que la iban a formar, protegiéndola y haciéndola crecer. La Iglesia fue edificada y fortalecida con el esfuerzo de ellos y su tenacidad.

Nosotros, los Católicos, somos sucesores de los primeros cristianos. En esta época, como en los primeros años de su existencia, la Iglesia necesita feligreses con una fe recia, amantes de Dios y desprendidos de ellos mismos. Desde que Cristo formó su Iglesia, la misión de sus seguidores ha sido ayudar al Papa y los obispos a fortalecerla en la fe y hacerla crecer en número. Dios confía en nosotros para la continuación de su obra. De Él recibimos la fuerza y la valentía. Apoyó a los Apóstoles y a los primeros cristianos y nos apoyará a nosotros también, si ve que trabajamos para continuar la misión salvífica de la Iglesia tal y como Él la encomendó a nuestros antepasados espirituales. Pero Dios no lo hará así si ve que solamente anhelamos nuestra propia vanagloria en vez de su gloria.

Los primeros cristianos veneraban a Pedro. Reconocían que el mismo Cristo le había dado el privilegio de ser la piedra sobre la cual se edificó la Iglesia. Nuestra fe nos debe hacer reconocer que el ministerio del Papa y de los obispos no es fácil de llevar. A través de los siglos la Iglesia, al celebrar la Sagrada Eucaristía, ha orado por Pedro, los Apóstoles y sus sucesores. Como cristianos estamos obligados a seguir el ejemplo de la Iglesia, pidiendo por las intenciones del Santo Padre y los obispos. Pero no solamente necesitan nuestras oraciones. Necesitan que les defendamos cuando son atacados ó insultados. Sobre ellos está edificada nuestra Iglesia. Cristo les ha dado el mismo poder que dio a Pedro cuando dijo, "Lo que ates en la tierra quedará atado en el cielo; y lo que desates en la tierra quedará desatado en el cielo"

Twenty First Sunday of Ordinary Time
Cycle A

Readings: 1) Isaiah 22:15, 19-23 2) Romans 11:33-36 3) Matthew 16:13-20

The Gospel Reading shows us Jesus arriving in a region called Caesarea Philippi. He was traveling with his disciples, asking them questions as they went along. It was his way of knowing how well his teachings had taken root within them. And, at the same time, little by little, he prepared them, since in time they would have to see and understand unusual things such as his suffering, his cross and his death. Suddenly he said, "Who do the people say the Son of Man is?" The Apostles gave him different versions of what they had heard from the people. Jesus was also testing the faith of his disciples, so he asked them once again, "And you, who do you say I am?" Peter was the first to answer, "You are the Christ, the very Son of God." He spoke not only in his name but also in the name of all of the other disciples.

The Lord was pleased with Peter's answer and he praised him saying, "Blessed are you… because this has not been revealed to you by flesh and blood, but by my Father." In this way he showed his approval of the great faith that he saw in Peter. It was then that he showed that he had chosen Peter to be his vicar on earth. He said, "You are Peter and on this rock I will build my Church and the power of Hell will not overcome her."

Two great things occurred during this conversation between Jesus and his disciples. First, Peter's answer, in everyone's name. It made clear that Jesus was the Christ, the Messiah that the Jewish people had awaited for centuries. Peter probably did not realize the importance of his answer for the future of the Church. Then Christ gave him the keys to heaven and he assured him that God in heaven would approve whatever decisions Peter made on earth. Christ founded his Church. Peter and the Apostles, and afterwards their successors, would be the ones who would form it, protect it and make it grow. The church was built and strengthened through their efforts and tenacity.

We Catholics are successors of the first Christians. In this age, as in the first years of her existence, the Church needs members with a strong faith, lovers of God willing to give of themselves. Since Christ formed his Church, the mission of his followers has been to help the Pope and the bishops to strengthen her in the faith and make her grow in number. God trusts us to continue that work. From him we receive strength and courage. He supported the Apostles and the first Christians and he will support us also, if he sees that we are working to continue the mission of salvation of the Church exactly as he gave it to our spiritual ancestors. But God will not do this if he sees that we only seek our own glory instead of his.

The first Christians venerated Peter. They recognized that Christ himself had given him the privilege of being the rock on which the Church was built. Our faith should make us recognize that the ministry of the Pope and the bishops is not easy. Through the centuries the Church, when the Holy Eucharist is celebrated, has prayed for Peter, the Apostles and their successors. As Christians we must follow the example of the Church, praying for the intentions of the Holy Father and the bishops. But they don't just need our prayers. They need for us to defend them when they are attacked or insulted. On them is built our Church. Christ has given them the same power that he gave to Peter when he said, "Whatever you bind on earth shall be bound in heaven; and whatever you loose on earth shall be loosed in heaven."

Vigésimo Segundo Domingo del Tiempo Ordinario
Ciclo A

Lecturas: 1) Jeremías 20, 7-9 2) Romanos 12,1-2 3) Mateo 16, 21-27

Este domingo, El Evangelio nos muestra a Jesús explicando a sus discípulos seriamente que la misión que había traído con Él, le iba a exigir padecer mucho. Les contó que las autoridades judías le harían mucho daño. Tendría que compadecer ante ellos. Sería encarcelado y hasta le darían muerte. Y sería una muerte atroz en la cruz. Les aseguró que todo esto ocurriría en Jerusalén, a donde tendría que ir. A Pedro le era imposible tolerar lo que estaba escuchando. Así que se llevó aparte al Señor y se puso a increparle. Le dijo muchas cosas, entre ellas que Dios no lo iba a permitir, que eso no podía pasarle a Él. El Evangelio nos muestra al Señor muy enfadado con Pedro. Le reprende duramente diciéndole, "Quítate de mi vista, Satanás". Y le dijo más cosas que ya hemos escuchado en el Evangelio. El Señor iba a necesitar de sus discípulos comprensión, ayuda y, sobre todo, apoyo moral durante la temporada que se avecinaba. Ese apoyo debía ser basado en aceptar lo que les estaba explicando y, después, durante sus padecimientos, en un seguimiento fiel. Pedro demostró poca comprensión. Quería tanto al Maestro que solo pensar en lo que le estaba diciendo le entristecía. Pero su comportamiento se interponía entre Jesús y el cumplimiento de la misión que el Padre le había encomendado. Por eso Jesús le dijo, "me haces tropezar, tú piensas como los hombres no como Dios".

Hay personas que, cuando las cosas vienen torcidas y hay problemas, reaccionan mucho peor a cómo reaccionó Pedro. Se enfurecen y arremeten contra los que tienen más cerca. Incluso blasfeman contra Dios. A estos, el Señor les dice lo mismo que dijo a Pedro, "Quítate de mi vista, Satanás". Sin embargo, también conocemos personas que en los momentos difíciles se comportan ante los otros como un bálsamo. Tratan de ayudar calladamente, con esfuerzo, lo más que pueden. Estamos seguros que Cristo alaba a las personas que actúan así. Cualquier ser humano, en los momentos difíciles y tristes de la vida, agradecería tener a su lado a personas comprensivas, caritativas y prudentes. El mundo necesita de muchas personas así.

El Evangelio hoy nos pide negarnos a nosotros mismos, aprender a retirarnos de cosas, e incluso de personas, si nos están poniendo zancadillas para avanzar en el amor a Dios. Aquí tendríamos que preguntarnos, "¿cuántos estarán dispuestos a desprenderse de lo que el mundo ofrece, a aceptar el sufrimiento, a negarse a sí mismos y a cargar con su cruz?" Seguramente que para muchas personas este es un lenguaje incomprensible. Ellos están en otra onda. Buscan lo opuesto de lo que Cristo pide en el Evangelio. Decir a estas personas que hay que aceptar la cruz, que hay que ser humildes y honestos, que un día vendrá el Hijo del Hombre entre sus ángeles y pagará a cada uno según su conducta, puede ser frustrante. Pero así y todo, tendremos que decirlo en voz alta y con decisión.

En la Segunda Lectura, San Pablo también nos exhorta a no ajustarnos a este mundo. Nuestra obligación es transformarnos para poder discernir la voluntad de Dios: "lo bueno, lo que agrada, lo perfecto". Para San Pablo dejar cosas, e incluso morir por Cristo, era una ganancia. Él nos enseña que también debe ser una ganancia para nosotros. Para poder llegar a una resurrección triunfante lo primero que necesitamos es una conversión sincera. Eso requerirá, de nuestra parte, esfuerzo y perseverancia. El mundo en que vivimos, e incluso algunos de nuestros amigos y amistades, nos lo pondrán difícil. Pero un cristiano comprometido con Cristo sabe que, a gusto ó a disgustó, tendrá que tomar la cruz de cada día y cargar con ella, aceptándola con decisión y con fe.

Twenty Second Sunday of Ordinary Time
Cycle A

Readings: 1) Jeremiah 20:7-9 2) Romans 12:1-2 3) Matthew 16:21-27

This Sunday, the Gospel Reading shows us Jesus seriously explaining to his disciples that the mission that he had cause him to suffer greatly. He told them that the Jewish authorities would do him much harm. He would have to appear before them. He would be imprisoned and even suffer death. And it would be an atrocious death on the cross. He assured them that all of this would occur in Jerusalem, where he would have to go. This was too much for Peter to hear. So he took the Lord aside and began to scold him. He told him many things; among them that God would not permit something like that to happen, that this could not happen to him. The Gospel Reading shows us that the Lord was very angry with Peter. He chided him harshly saying, "Get out of my sight, Satan." And he said many more things that we heard in the Gospel Reading. The Lord would need his disciples' understanding, help, and, above all, moral support during the days that were approaching. This support should be based on acceptance of what he had explained and, afterwards, in the face of his suffering, on a faithful following. Peter showed little understanding. He loved the Master so much that just thinking about what he was saying saddened him. But his behavior was a stumbling block between Jesus and obedience to the mission that the Father had given him. Because of this, Jesus said to him, "You are an obstacle to me, you think like men do and not like God does."

There are people who, when things go wrong and there are problems, react even worse than Peter did. They are infuriated and they lunge out at those closest to them. They even blaspheme against God. To these, the Lord says the same thing he did to Peter, "Get out of my sight, Satan." On the other hand we know people who in difficult moments act like a salve for others. They try to help quietly, with determination, as much as they can. We are sure that Christ praises people who act this way. Any human being, in difficult and sad times, appreciates having understanding, charitable and prudent people at their side. The world needs more people like that.

The Gospel Reading today asks of us that we deny ourselves, learning to withdraw from things, and even people, if they are tripping us up in our progress in God's love. Here we have to ask ourselves, "How many of us are ready to give up what the world has to offer, to accept suffering, to deny ourselves and carry our cross?" Surely for many people this is couched in incomprehensible terms. They are on another wavelength. They look for the opposite of what Christ asks of us in the Gospel. To say to these people that they have to accept the cross, that they have to be humble and honest, that someday the Son of Man will come with his angels and will give each one their due according to their conduct, can be frustrating. But even so, we have to say it in a loud voice and decisively.

In the Second Reading, Saint Paul also exhorts us not to do as the world does. Our obligation is to transform ourselves so that we are able to discern the will of God: "whatever is good, pleasing, perfect." For Saint Paul to do without things, even to die for Christ, was a gain. He shows us that it should also be counted as a gain for us. In order for us to reach a triumphant resurrection, the first thing that we need is a sincere conversion. This requires, on our part, effort and perseverance. The world in which we live, even some of our friends and acquaintances, may make this difficult. But a Christian committed to Christ knows that, whether he or she likes it or not, the cross must be taken up and carried daily, accepting it with determination and faith.

Vigésimo Tercer Domingo del Tiempo Ordinario
Ciclo A

Lecturas: 1) Ezequiel 33, 7-9 2) Romanos 13, 8-10 3) Mateo 18,15-20

En el Evangelio, San Mateo enfatiza la responsabilidad que tiene la Iglesia con personas que pecan públicamente. Cada miembro de la Iglesia tiene esa misma responsabilidad. Hay varias maneras de evangelizar dentro y fuera de la Iglesia. Una de ellas es cuando vemos a alguien que está haciendo algo indebido que sabemos que es pecado. El cristiano tiene que amonestar, a solas y con caridad, a esa persona. Porque de quedarse impasible será tan culpable como el que está pecando. Puede ser, y así queremos creerlo, que el que hace algo indebido, pecando contra Dios, no se ha percatado de ello. Así que debemos hacerle ver que lo que hace no es correcto. Jesús nos pide amar al prójimo y una manera de amarlo es hablarle por su bien.

El cristiano tiene muchas obligaciones. No basta con ir a la Iglesia en domingo y oír la Santa Misa porque eso solamente es una de las obligaciones. También es obligación no callarnos cuando se ve pecado en la Iglesia, en casa o en cualquier lugar, pensando que eso no es de nuestra incumbencia, pensando, "Esto me puede traer problemas, enemistades, e incluso odio". Eso se llama evadir la responsabilidad cristiana que todos tenemos. Él Evangelio nos exige: "Si tu hermano peca, repréndelo". La persona que amonesta a otra tendrá que ser fiel seguidor de Cristo. Porque, ¿cómo podrá decirle al hermano que está haciendo algo malo, si su vida no es digna a los ojos de Dios?

Evangelizar, amonestando a alguien, puede ser conflictivo, incluso con la familia. Y mucho más si se hace en la Iglesia a una o más personas con las que tenemos poca relación. Puede ocurrir que, si en la persona hay soberbia, no admita la amonestación. Puede sentirse ofendida y ponerse violenta. Pero así y todo no podemos ver pecado y quedarnos callados. También puede ocurrir que al amonestar a alguien nos encontremos con una persona humilde que reconoce que se le habla por su bien y hasta nos dé las gracias.

Pocas veces es fácil evangelizar. Lo que nos pide el Evangelio hoy puede ser aún más difícil. Por eso hay personas que prefieren quedarse indiferentes ante el pecado, buscando su comodidad, pensando que es mejor para ellos no decir nada. Tengamos cuidado con esa comodidad, esa indiferencia. Un día tendremos que dar cuentas a Dios de ese pecado de omisión. Es el mismo Cristo quien nos manda amonestar si vemos pecado. Para eso necesitamos valentía y una buena dosis de caridad.

Algunas personas al ser amonestadas reaccionan mal. Quizás tuvieron alguna experiencia negativa anteriormente. Quizás fueron amonestados con poca caridad y con descortesía. Porque también hay los que amonestan groseramente y ante otras personas. Este comportamiento puede ser debido a que necesitan levantar su ego. Actúan así para sentirse importantes, descargando sus frustraciones en otras personas. Esto va contra la ley de Dios. Demuestran maldad en vez de caridad, que lo están haciendo es para su propia satisfacción e incluso a sabiendas del daño que hacen.

No podemos quedarnos impasibles ante el pecado, pensando en las consecuencias. Cuando amonestemos a alguien, aunque seamos tratados injustamente o seamos incomprendidos, debemos sentirnos bien porque estamos obrando como nos pide Dios y beneficiando a la Iglesia y a la comunidad a la que pertenecemos.

Twenty Third Sunday of Ordinary Time
Cycle A

Readings: 1) Ezekiel 33:7-9 2) Romans 13:8-10 3) Matthew 18:15-20

In the Gospel Reading, Saint Matthew emphasizes the responsibility that the Church has with people who sin publicly. Each member of the Church has the same responsibility. There are various ways to evangelize inside and outside of the Church. One of them is when we see someone who is doing something wrong that we know is a sin. A Christian has to correct, alone and in charity, that person. Because remaining impassive would make him or her just as guilty as the one who is sinning. It could be, and we hope that this is the case, that the one who is doing something wrong, sinning against God, does not know what they are doing. So we should make him or her see that what is being done is not right. Jesus asks us to love our neighbor and one of the ways that we show our love for him or her is by talking to them for their own good.

A Christian has many obligations. It is not enough just to go to church on Sunday and hear Mass because that is just one of those obligations. It is also an obligation not to be quiet when we see sin in the Church, in the home or anywhere, thinking that that is not our business, thinking, "This could cause problems for me, enemies, and even hatred." That is called dodging the Christian responsibility that we all have. The Gospel Reading demands of us, "If you see your brother sin, correct him". Whoever corrects another should be a faithful follower of Christ. Because, how can you tell a brother that he is doing something wrong, if your own life is not worthy in the eyes of God?

Evangelizing, correcting someone, can cause conflict, even in the family. And much more so if it is done in church to one or more people with which we have little personal contact. It could happen that, if the person is arrogant, he or she will not accept the correction. They could feel offended and become violent. But even so we cannot see someone sin and keep quiet. It can also happen that when we correct someone we could encounter a person who is humble and who recognizes that it is for their own good and they may even thank us for it.

Evangelization is not often easy. What the Gospel asks of us today is even more difficult. That is why people prefer to remain indifferent before sin, seeking a more comfortable way, thinking that it is better for them not to say anything. Let us be careful with that comfort, that indifference. One day we will have to make an accounting to God about that sin of omission. Christ himself is the one who tells us we must correct someone we see sinning. To do this we need courage and a hefty dose of charity.

Some people who are corrected react badly. It could be that they already had a negative experience. Maybe someone corrected them with little charity and discourteously. Because there are also people who correct others rudely and in front of other people. This behavior can be because they need to lift up their ego. They act this way to feel more important, to unload their frustrations on other people. This goes against the law of God. It shows an evil attitude instead of charity; it shows that they are doing what they are doing for their own satisfaction, knowing the harm they do.

We cannot be impassive in the face of sin, thinking of the consequences. When we correct someone, even if we are treated unjustly and we are misunderstood, we should feel good because we are doing what God asks us to do while benefiting the Church and the community to which we belong.

Vigésimo Cuarto Domingo del Tiempo Ordinario
Ciclo A

Lecturas: 1) Sirácides 27, 30-28, 7 2) Romanos 14, 7-9 3) Mateo 18, 21-35

Hoy, el Evangelio nos habla del perdón sin medida. A la pregunta que Pedro hace a Jesús sobre cuántas veces tenemos que perdonar, Él le contesta, "No te digo hasta siete veces sino hasta setenta veces siete". La pregunta de Pedro fue hipotética. La respuesta de Jesús fue concreta. La frase, "setenta veces siete", es una expresión judía que en realidad quiere decir una cantidad indefinida. Hay que perdonar cuantas veces sea necesario. En el Evangelio, el Señor propone la parábola del siervo injusto. Con ella enseña la gran importancia de perdonar. La parábola habla del rey que tuvo lástima de un empleado y lo dejó marchar perdonándole la deuda. Y nos muestra a esa misma persona, injusta y desagradecida, rehusando perdonar una deuda que, en comparación a lo que debía él era, una miseria. Se comportó de una manera violenta, maltratando al deudor y hasta hizo que lo metieran en la cárcel. Muchas veces los humanos nos comportamos similar a ese empleado. Cuando alguien nos hace o nos dice algo que no nos gusta, nos enfurecemos y hasta muchas veces le cogemos manía. Y no entra en nosotros perdonar esa injuria. Entonces, ¿porqué estamos siempre pidiendo perdón a Dios, que tanto le ofendemos, si por la más mínima cosa nosotros negamos el perdón? Algunos incluso al rezar el Padre Nuestro ya defraudan a Dios diciéndole, "perdonamos a los que nos ofenden", aunque muchas veces no lo hacen. Lo que deja ver lo reacios que son a perdonar. El Señor no solamente nos sugiere que debemos ser tolerantes. Nos exige que seamos tolerantes si queremos entrar en su reino.

La Primera Lectura, del libro de Sirácides, es un comentario que hizo el autor, Ben Sira, sobre la Ley del Talión: "ojo por ojo, diente por diente". (Ex 21, 24) Esta era una ley humana que nunca fue un mandamiento divino aunque hay algunos que piensan que lo era. Durante algún tiempo se mantuvo en rigor pero fue reemplazada por una nueva ley: "No te vengarás, ni guardarás rencor... amarás á tu prójimo como á ti mismo". (Lev 19,18) A pesar de que fue cambiada, en aquellos tiempos de Ben Sira, como ahora, muchas personas siguieron ejerciendo el "ojo por ojo". Y a veces el rencor y la venganza eran tan grandes que pasaba de padres a hijos, generación tras generación. El autor de la Primera Lectura, nos advierte que el furor y la cólera son odiosos y que el que los posee es pecador. Por eso en muchas personas no se vislumbra la imagen y semejanza de Dios. Sin embargo, en la persona que sigue, aunque sea solamente un poco, los mandatos de Dios, se refleja algo diferente: más bondad e incluso más paz. Esto nos deja ver la importancia de confesarnos con frecuencia y mantenernos en gracia de Dios. Al confesar nuestros pecados, se va la maldad y el deseo de venganza. Y queda en nosotros más capacidad de perdón. Cuando dejamos amontonar pecados, con ellos va creciendo la cólera, el odio y las ganas de venganza. No dejemos que crezcan estos pecados en nosotros.

Escuchamos muchas veces decir, "¿Porqué me pasan tantas cosas? ¿Porqué Dios se ensaña conmigo?" A las personas que dicen esto, les sería conveniente examinarse y ver si algo están haciendo mal para padecer tantas desdichas. Puede ser que están pidiendo salud y bienestar a Dios mientras guardan rencor a otros. La misericordia de Dios es infinita. Pero no intentemos ponernos por encima de Él y hacer lo que queremos. Dios también se enfada y nos manda pruebas para hacernos recapacitar.

Hermanas y hermanos, nuestro Dios nos exige perdonar si queremos ser perdonados. Sabemos que este mandato es muy difícil de cumplir pero quizás nos ayude pensar que el Señor no tolera la venganza. Así que, aprendamos a perdonar, a mantenernos limpios de venganzas, rencores y envidias. Como dice Ben Sira, "Perdona la ofensa de tu prójimo, y se te perdonarán los pecados cuando lo pidas".

Twenty Fourth Sunday of Ordinary Time
Cycle A

Readings: 1) Sirach 27:30-28:7 2) Romans 14:7-9 3) Matthew 18:21-35

Today, the Gospel Reading talks to us about pardoning without limits. To the question that Peter asks Jesus about how many times we have to pardon others, he answers, "I do not say seven times but seventy times seven." Peter's question was hypothetical. Jesus' answer was concrete. The phrase, "seventy time seven" was a Jewish expression that in reality means an indefinite number. We must pardon as many times as is necessary. In the Gospel Reading, the Lord recounts a parable about an unjust servant. In it he shows the great importance of pardoning. The parable talks about the king who had pity on a servant and let him go, pardoning his debt. And it shows this same person, unjust and ungrateful, who refused to pardon a debt that, in comparison to what he owed, was a paltry sum. He reacted violently, mistreating the debtor and he even had him thrown into prison. Many times we humans act in the same way as this servant. When someone does or says something that we do not like, we are infuriated and sometimes we even begin to hate them. And we don't even think of pardoning. Then, how can we ask God for pardon, whom we have offended so many times, if for the smallest offense we refuse to pardon? Some people even when the pray the Our Father are already lying when they say, "As we forgive those who trespass against us," because many times they don't. This shows how obstinate they are when it comes to pardoning. The Lord not only suggests that we be tolerant. He demands that we be tolerant if we want to enter into his kingdom.

The First Reading, from the Book of Sirach, is a commentary that the author, Ben Sira, made on the *Lex Talionis,* "Eye for eye, tooth for tooth." (Ex 21:24) This was a human law that never was a divine law, even though some people think it was. For a while, it was effective but it was replaced by a new law: "take no revenge, nor bear no grudge…. Love your neighbor as yourself." (Lev 19:18) In spite of the change, in Ben Sira's time, like today, many people preferred to follow the, "eye for eye." And sometimes the hatred and revenge was so great that it passed from father to son, generation after generation. The author of the First Reading warns us that wrath and anger are hateful things yet the sinner holds on to them. That is why in many people it is difficult to see the image and likeness of God. Nevertheless, in the person who follows, even if it is only a little, the commandments of God, something different is reflected: more goodness and more peace. This shows us the importance of confessing our sins frequently and staying in the grace of God. When we confess our sins, evil and desire for vengeance are cast aside. And what remains is a capacity to pardon. When we allow sins to mount up, anger, hatred and the need for revenge grow. Let us not allow these sins to grow in us.

We oftentimes hear it said, "Why do these things happen to me? Why does God attack me?" To the people who say this, it would be better for them to examine themselves to see if they are doing something wrong to make them have those problems. It could be that they are asking God for health and well-being while they maintain a grudge against others. God's mercy is infinite. But let us not try to place ourselves over him and do what we want to do. God can be angry and send us tests to see if we will repent.

Sisters and brothers, our God demands that we pardon if we want to be pardoned. We know that this commandment is difficult to obey but maybe it would help if we think that the Lord does not tolerate revenge. So, let us learn to pardon, to be cleansed of revenge, hatred and envy. As Ben Sira says, "Forgive your neighbor's offense, and when you pray, your own sins will be forgiven."

Vigésimo Quinto Domingo del Tiempo Ordinario
Ciclo A

Lecturas: 1) Isaías 55, 6-9 2) Filipenses 1, 20-24. 27 3) Mateo 20,1-16

En el Evangelio del domingo anterior, y en el de hoy, escuchamos a Jesús explicando a los Apóstoles como es el Reino de Dios. El Señor iba camino a Jerusalén donde pensaba celebrar su última Pascua con ellos. Les iba hablando despacio, tratando de ser conciso, para que entendieran bien lo que Él quiere de sus seguidores. Les expuso como comparación una parábola, diciéndoles, "El reino de los cielos se parece a un propietario que al amanecer salió a contratar jornaleros para su viña". Ajustó con ellos el salario. Les dijo que les pagaría un denario por día y quedaron de acuerdo. Durante el día salió dos veces más. Y la última vez, la cuarta, fue al caer la tarde. Cuando oscureció, el dueño dijo al capataz: "Llama a los jornaleros y págales el jornal". Y les pagó a todos por igual.

Lo que hizo el propietario puede extrañar a algunos. También extraño a los que llegaron primero. Aquellos, además, se enfadaron, porque esperaban que los otros recibieran menos. Esta parábola nos enseña que Dios actúa como el propietario de la viña. Habrá quien se pregunte: ¿Porqué pagó igual a los que trabajaron todo el día como a los que trabajaron solamente unas horas? Lo que Jesús nos está mostrando es que no podemos conocer los designios de Dios. Él combina el amor y la justicia de una manera que sobrepasa la inteligencia humana. Pagará a todos según hayan vivido sus vidas sin importarle quien llegó primero o quien llegó después. Lo importante para Él es que llegaron. Lo importante para nosotros debe ser llegar. En el cielo hay santos que por muchos años fueron grandes pecadores. Conocieron muy tarde a Dios. Sus vidas nos enseñan que nunca es tarde para arrepentirse, para dejar el pecado y pedir perdón a Dios. Recordemos que el Señor dijo que hay más alegría en el cielo por un pecador arrepentido que por 99 justos que no necesitan arrepentirse. (Lc 15, 7)

En la Primera Lectura, el profeta Isaías dice: "Buscad al Señor mientras se le encuentra, invocadle mientras está cerca... y Él tendrá piedad". Mientras permanezcamos aquí en la tierra aún hay tiempo de encontrar a Dios. Solamente hay que arrepentirse y dejar el pecado. Claro está, que es nuestra propia decisión. El Señor nos deja elegir. Pero tengamos en cuenta que será imposible encontrarle sin dejar primero la vida errónea de pecado.

En la Segunda Lectura, San Pablo, escribiendo a los Filipenses, reafirma su gran confianza en Dios. El Apóstol no tiene miedo a morir. Dice, "Me encuentro en esta alternativa: por un lado, deseo partir para estar con Cristo, que es con mucho lo mejor". Acepta que cuando sea su tiempo el Señor le llamará. Mientras tanto, debe seguir aquí. Sabe que muchos le necesitan y tiene claro que antes de dejar este mundo podrá llevar muchas almas a Dios. Esta fe inquebrantable de Pablo conmueve y es digna de admirar y de seguir.

Cuando Pablo escribió esta carta a los Filipenses, estaba atravesando un dilema serio. Su anhelo era morir y recibir de Cristo su salario que, por cierto, lo tenía bien ganado. En aquel tiempo, él se encontraba encarcelado. Pero ningún padecimiento, por muy doloroso que fuera, pudo debilitar su fe. Preguntémonos, ¿Vivo realmente la fe que San Pablo expresa a los primeros cristianos de las comunidades que él fundó? San Pablo pide hoy a esta comunidad, mejor dicho ruega, que prediquemos y sigamos el Evangelio de Cristo con dignidad. Para hacerlo necesitaremos vivir nuestra propia vida de una manera ejemplar.

Twenty Fifth Sunday of Ordinary Time
Cycle A

Readings: 1) Isaiah 55:6-9 2) Philippians 1:20-24, 27 3) Matthew 20:1-16

In the Gospel Reading from last Sunday, and in the one today, we hear Jesus explain to the Apostles about the Kingdom of God. The Lord was on the road to Jerusalem where he would celebrate his last Passover with them. He was talking slowly, trying to be concise, so that they would understand well what he asked of his followers. He gave them, as a comparison, a parable saying, "The kingdom of heaven is like the landowner who went out at dawn to hire workers for his vineyard." He agreed on a salary for them. He told them he would pay them one denarius per day and they agreed. During the day he went out two more times. And the last time, the fourth, was as evening was approaching. When it got dark, the landowner told the foreman: "Call the workers and pay them their salary." And he paid all of them equally.

What the landowner did could seem strange to some. It also seemed strange to those who had been hired first. What's more, they got angry because they expected that the others would be paid less. This parable shows us that God acts like the owner of the vineyard. There will be some who ask: Why did he pay the same to those who worked all day as he did to those who only worked a few hours? What Jesus shows us is that we do not know how God thinks. He combines love and justice in a way that surpasses human intelligence. He will pay everyone according to how they lived their lives without caring who arrived in heaven first or who arrived last. The important thing for him is that they arrived. The important thing for us should be arriving. In heaven there are saints who were great sinners for many years. They came to know God very late in life. Their lives show us that it is never too late to repent, to stop sinning and ask God for forgiveness. Let us remember that the Lord said that there is more joy in heaven for one sinner who repents than for 99 just people who do not need to repent. (Lk 15:7)

In the First Reading, the Prophet Isaiah says: "Seek the Lord while he may be found, call on him while he is near… and he will have mercy." While we are here on earth there is time to seek God. We only have to repent and turn our backs on sin. Of course, that is our own decision. The Lord lets us choose. But we have to remember that it will be impossible to find him if we do not first stop living a sinful life.

In the Second Reading Saint Paul, writing to the Philippians, reaffirms his great confidence in God. The Apostle is not afraid of dying. He says, "I am caught between two alternatives: on one side, I long to depart this life and be with Christ, (for) that is far better." He accepts that when his time comes the Lord will call him. In the meantime, he has to remain here. He knows that many people need him here and it is clear to him that before he leaves this world he will be able to take many souls to God. This unbreakable faith of Paul moves us and is worthy of being admired and followed.

When Paul wrote this letter to the Philippians, he was going through a serious dilemma. His wish was to die and receive from Christ his recompense that, by the way, was well earned. He was in prison. But no hardship, however painful, could weaken his faith. We ask ourselves, do I really live the faith that Saint Paul showed to the first Christians of the communities that he founded? Saint Paul asks us today in this community, it is better to say that he pleads with us, to preach and follow the Gospel of Christ with integrity. In order to do this we must live our lives in an exemplary manner.

Vigésimo Sexto Domingo del Tiempo Ordinario
Ciclo A

Lecturas: 1) Ezequiel 18, 25-28 2) Filipenses 2,1-11 3) Mateo 21, 28-32

Hoy, en el Evangelio, Jesús habla, por mediación de la parábola de los dos hijos, sobre la responsabilidad y la obediencia. Cuando el padre le pidió a uno de sus hijos que fuera a trabajar en la viña, el hijo, con rebeldía, le contestó, "No quiero". Se acercó el padre al segundo hijo y le dijo lo mismo. Le contestó, "Voy, Señor". Dos actitudes muy distintas. El primero dijo que no iba y después fue. El segundo dijo que sí iba y después no fue. La actitud del primero nos enseña justamente lo que el Señor quiere de cada uno de nosotros: arrepentimiento. La actitud del segundo, a primera vista, demuestra que es comprensivo y obediente. Pero luego deja ver que es desobediente y poco responsable. Para Dios lo que cuenta son hechos, no palabras. Podemos estar todo el día haciendo obras de caridad sin parar, incluso agotándonos, pero habrá que pensar, ¿lo que estoy haciendo agrada a Dios? Lo que agrada a Dios es una vida ordenada, con responsabilidad y obediencia a Él. Si no es así, todo lo demás será una pérdida de tiempo. Tenemos la obligación primero de obedecer lo que nos manda Dios, después vendrá la caridad y todo lo demás.

El Evangelio nos muestra cómo el Señor habla seria y duramente a los sumos sacerdotes y a los senadores del pueblo. Y así será de duro en los últimos tiempos, y no solamente de palabra sino con hechos, con aquellos que desoyendo sus mandatos, siguieron pecando. Tendrán que oír, "Vosotros no os arrepentisteis. No creísteis en mí. No os conozco. Apartaos de mí". Sin embargo, llegarán a Él grandes pecadores que supieron arrepentirse a tiempo. A ellos les dirá, "Pecasteis mucho pero dejasteis el pecado por mí y me seguisteis con humildad. Entrad en la casa de mi Padre".

Queda claro que al Señor no le bastan palabras vanas o apariencias hipócritas. Tampoco le gustan las posturas dominantes ni la ostentación. Él quiere buenas obras. Las personas que hacen cosas para que otros las vean, en vez de para Dios, demuestran muy poca inteligencia y muy poca fe. No están captando que Dios ve las mentes y sabe muy bien porqué se hacen las obras. A Él no se le escapa nada. Nos conoce. Él nos hizo. Así que ¿de qué sirve hacer ver que somos lo que no somos? Engañaremos a los que están a nuestro lado pero al Señor nunca le podremos engañar. Desechemos de nosotros todo lo que no sea auténtico. Hagamos caridad pero que sea por amor a Dios. Hagamos lo que Él nos manda y lo que a Él le agrada. Seamos honestos y sinceros con nosotros mismos, después con los demás y, por encima de todo, con Dios.

San Pablo, en la Segunda Lectura, ruega encarecidamente a la comunidad cristiana de Filipos que se mantengan unánimes, que vivan más acordes, con un mismo amor y un mismo sentir. Parece que en aquella comunidad había rivalidad y ostentación. El Apóstol les exhorta a que dejen la prepotencia, que no se crean superiores a los demás, que se hagan humildes unos con otros, asemejándose más a los sentimientos de Cristo.

Si San Pablo estuviera en esta iglesia ahora y nos hablara directamente, seguramente nos pediría también a nosotros que dejemos la rivalidad y la ostentación, que luchemos por edificar una comunidad donde no predomine la desunión, que haya en ella humildad y amor al prójimo, que no nos encerremos en nuestros propios intereses sino que busquemos el bienestar de los otros. Si actuamos como nos pide San Pablo, conseguiremos que nuestra comunidad sea más amigable y placentera, un sitio donde cada miembro pueda sentirse acogido e integrado.

Twenty Sixth Sunday of Ordinary Time
Cycle A

Readings: 1) Ezekiel 18:25-28 2) Philippians 2:1-11 3) Matthew 21:28-32

Today, in the Gospel Reading, Jesus, using the parable of the two sons, talks about responsibility and obedience. When the father asked one of his sons to go work in the vineyard, the son, rebelliously, answered, "I don't want to." The father approached the second son and asked the same thing. He answered. "Yes, sir." Two attitudes that are very different. The first son said he would not go and then he went. The second said he would go and then did not. The attitude of the first one shows us just what the Lord wants of each of us: repentance. The attitude of the second one, at first glance, appears to be understanding and obedient. But then we see his disobedience and lack of responsibility. For God what counts are acts, not words. We can spend all day long doing acts of charity without end, even tiring ourselves out, but we should also ask ourselves, is what I am doing pleasing to the Lord? What pleases God is an orderly life, with responsibility and obedience to him. If it is not like that, all the rest is a waste of time. We have an obligation first to obey what God commands us to do; afterwards charity and the rest will come.

The Gospel Reading shows us how the Lord speaks seriously and harshly to the chief priests and elders. And he will act in the same harsh way in the end times, and not only in words but in deeds, with those who ignore his commandments and continue sinning. They will have to hear, "You did not repent. You did not believe in me. I do not know you. Depart from me." Then the great sinners who knew how to repent in time will come. To them he will say, "You sinned much but you stopped sinning for me and followed me with humility. Enter into the house of my Father."

It should be clear that with the Lord vain words and hypocritical appearances are not enough. Nor does he like people who like to dominate or show off. He wants good works. People who do things so that others can see them, instead of for God, show very little intelligence and little faith. They do not understand that God sees the minds and knows very well why we do the things we do. Nothing escapes him. He knows us. He created us. So, what good does it do to try to seem to be someone we aren't? Let us cast off everything about us that is not authentic. Let us do charitable acts but let them be for the love of God. Let us do what he commands and what is pleasing to him. Let us be honest and sincere with ourselves, then with others and, above all, with God.

Saint Paul, in the Second Reading, pleads passionately with the Christian community of Philippi asking them to remain united, to live more in peace, with one love and in unity. It seems as if in the Christian community of Philippi there was rivalry and ostentation. The Apostle exhorts them to avoid feelings of superiority, not to think they were greater than the rest, that they be humble with each other, taking on more of the character of Christ.

If Saint Paul was here in this church now and talked to us directly, he would surely ask us also to turn away from rivalry and ostentation, to fight to build a community in which disunion is not predominant, that there be in this community humility and love of neighbor, that we not close ourselves off in our own self interests, but look to the well being of others. If we act as Saint Paul asks us to act, we will make our community friendlier and more pleasing, a place where each member can feel welcomed and accepted.

Vigésimo Séptimo Domingo del Tiempo Ordinario
Ciclo A

Lecturas: 1) Isaías 5,1-7 3) Filipenses 4, 6-9 3) Mateo 21, 33-43

Cuando San Mateo escribió su Evangelio, las autoridades judías atacaban con severidad a las comunidades cristianas. Se quejaban que estaban dejando entrar a gentiles que no habían sido circuncidados. Llamaban gentiles a los que no era de su propia religión. Los judíos eran el Pueblo Elegido de Dios. Habían sido preparados y tenían la responsabilidad de repartir su experiencia con otros pueblos, ya que conocían al Dios Verdadero. Aunque sabían lo que Él quería de ellos, no estaban dispuestos a mezclarse con los gentiles ni a dejar que los cristianos se mezclaran con ellos. San Mateo, al escribir su Evangelio, incluyó esta parábola del Señor que acabamos de escuchar. Con ella, Jesús quiso demostrarles a las autoridades judías que ellos no habían sabido desarrollar la responsabilidad que Dios les había dado.

Hoy, como en otras parábolas, Jesús toma como ejemplo la viña. Solía tomar ejemplos de la vida cotidiana. Las viñas eran parte del vivir del pueblo. El cultivo de la tierra, especialmente la administración de las tierras vinícolas, era parte importante de la economía de Palestina. En el Antiguo Testamento, los profetas enviados por Dios describían al Pueblo de Israel como la Viña de Dios. En la Primera Lectura, el profeta Isaías usa esta misma comparación. Jesús usó también la viña como ejemplo cuando les habló a los sumos sacerdotes y a los senadores del pueblo, acusándoles de haber roto la Alianza que Dios hizo con el pueblo hebreo. Les tacha de avaricia e infidelidad. Avaricia porque lo que Dios les había dado lo querían solamente y en exclusiva para ellos. Infidelidad porque no escucharon a los profetas enviados sino que los despreciaron, maltratándolos y hasta les dieron muerte. Aunque las autoridades judías no quisieron cumplir con sus obligaciones, Dios quiso darles otra oportunidad, que sería la última. Les envió a su Hijo Único a quien debían haber respetado como el Mesías esperado. Pero no fue así. Con avaricia y maldad, lo maltrataron y crucificaron.

Lo que dice la parábola en el Evangelio de hoy seguramente no nos habrá sorprendido demasiado, porque personas con esta misma avaricia y maldad las vemos constantemente. Generación tras generación, los seres humanos hemos estado defraudando a Dios con el pecado. A pesar de nuestro comportamiento Él sigue siendo misericordioso. Siempre está dispuesto a darnos, como a las autoridades judías, una nueva oportunidad. Y nos ayudaría pensar que también para nosotros, como les ocurrió a ellos, puede ser la última. Aunque somos infieles, Él siempre nos espera con el perdón. Pero tenemos que pedírselo. Este Evangelio, a más de uno, le puede hacer preguntarse, ¿Cómo tiene Dios tanta paciencia con el ser humano?

En la Segunda Lectura, San Pablo dice a los cristianos de Filipos, "Hermanos, todo lo que es verdadero, noble, justo, puro, amable, laudable; todo lo que es virtud y mérito tenedlo en cuenta". San Pablo siempre aconsejaba a las comunidades que él había fundado que para ser verdaderamente cristianos tenían que empezar por ser humildes, llevando una vida de generosidad y mutua entrega. Él sabía que siempre habría individuos tratando de dividir la comunidad. Por eso les pide a los filipenses no solamente generosidad y amor sino desprendimiento y entrega unos con los otros. Les aconseja que sigan firmes en un mismo espíritu y luchen por vivir la fe del Evangelio, buscando la salvación. Les asegura que nada debe preocuparles porque Dios siempre estará con ellos. Pero tendrán que poner en práctica las buenas obras que él les ha enseñado. Actuando así, la paz de Dios, que sobrepasa todo juicio, custodiará siempre sus corazones y sus pensamientos.

Twenty Seventh Sunday of Ordinary Time
Cycle A

Readings: 1) Isaiah 5:1-7 2) Philippians 4:6-9 3) Matthew 21:33-43

When Saint Matthew wrote his Gospel, the Jewish authorities were attacking the Christian communities severely. They complained that they were allowing Gentiles who had not been circumcised to enter. They called people who were not members of their religion, Gentiles. The Jews were the Chosen People of God. They had been prepared and were responsible for sharing their experience with other peoples, since they knew the True God. Even though they knew what he asked of them, they were not willing to mix with the Gentiles nor allow the Christians to do so. Saint Matthew, when he wrote his Gospel, included this parable of the Lord that we just heard. With it, Jesus wanted do show the Jewish authorities that they had not assumed the responsibility that God had given them.

Today, as in other parables, Jesus uses a vineyard as an example. He usually used examples from everyday life. Vineyards were a part of life in towns. The cultivation of the earth, especially the administration of land on which vineyards grew, was an important part of the economy of Palestine. In the Old Testament, the prophets sent by God described the People of Israel as the Vineyard of God. In the First Reading, the Prophet Isaiah uses this same comparison. Jesus also used the vineyard as an example when he talked to the chief priests and elders of the people, accusing them of having broken with the Covenant that God had made with the Hebrew people. He accused them of avarice and infidelity. Avarice because what God had given them they wanted to keep for solely and exclusively for themselves. Infidelity because they did not listen to the prophets sent by God but scorned, mistreated and even killed them. Even though the Jewish authorities did not want to comply with their obligations, God decided to give them another opportunity, which would be their last. He sent them his only Son who they should have respected as the long awaited Messiah. But it was not to be. With avarice and evil intent, they mistreated him and crucified him.

What the parable in the Gospel Reading today says has surely not surprised us much because people who are avaricious and who are evil can be seen constantly. Generation after generation, human beings have been deceiving God through sin. In spite of our behavior, he continues to be merciful. He is always ready to give us, as he did the Jewish authorities, a second chance. It might help us to think that for us, as for them, it could be the last chance. Even though we are unfaithful, he is always waiting to pardon us. But we have to ask him to pardon us. This Gospel Reading, should make more than one person ask themselves, how is it that God has so much patience with humanity?

In the Second Reading, Saint Paul says to the Christians of Philippi, "Brothers, whatever is true, whatever is honorable, whatever is just, whatever is pure, whatever is lovely, whatever is gracious, if there is any excellence and if there is anything worthy of praise, think about these things." Saint Paul always advised the communities he had founded that to be true Christians they had to begin by being humble, leading a generous life and loving each other. He knew that there would be individuals who would try to divide the community. For that reason he asked the Philippians to continue in the same spirit and to fight to live the faith of the Gospel, seeking their salvation. He assured them that nothing should worry them because God was always with them. But they would have to put into practice the good works that he had shown them. Acting in this way, the peace of God, that surpasses all, would care for their hearts and their thoughts always.

Vigésimo Octavo Domingo del Tiempo Ordinario
Ciclo A

Lecturas: 1) Isaías 25, 6-10 2) Filipenses 4,12-14. 19-20 3) Mateo 22,1-14

Este domingo, como en los anteriores, Jesús en el Evangelio se expresa con una parábola. En ella hay dos partes que pueden parecer dispares pero que se relacionan entre sí. La primera parte nos describe la llamada apremiante de Dios a su pueblo. Los Hebreos eran sus elegidos, sus amigos. Así que fueron ellos los primeros invitados a compartir el banquete de bodas del Hijo de Dios que toma por esposa a la Iglesia. Los invitados de honor rechazaron la invitación, o sea, las palabras de los profetas que a través de los siglos anunciaron la llegada de un Mesías. Dios les llama otra vez. Y la segunda llamada es más urgente. Esta vez Dios anuncia, a través de las enseñanzas de Cristo y de los Apóstoles, que todo está a punto: "Tengo preparado el banquete. Venid a la boda". Y esta fiesta se tiene que celebrar. Pero los convidados rechazaron esta segunda invitación e incluso maltrataron y mataron a los Apóstoles, que la parábola describe cómo sirvientes de Dios. La segunda parte de la parábola explica las condiciones que hay que cumplir para poder participar en el banquete. El Pueblo Elegido no aceptó la invitación, así que Dios envió a sus sirvientes, diciéndoles, "Id ahora a los cruces de los caminos y a todos los que encontréis, convidadlos a la boda". Dios decidió abrir las puertas del banquete a toda la humanidad.

En los tiempos de Cristo, cuando entraban los invitados al banquete, se les daba un traje limpio para la fiesta, evitando que se presentaran al banquete con la ropa polvorienta y sucia que habían usado en el viaje. Cuando nos confesamos nos revestimos con un traje limpio dejando atrás la suciedad del pecado para poder sentarnos dignamente en la Mesa del Señor. Jesús dice en la parábola que el rey, al entrar y saludar a los comensales, reparó en una persona que no llevaba traje de fiesta. Esto nos describe a alguien que participa en el banquete recibiendo la Sagrada Eucaristía sin haberse quitado el traje sucio del pecado a través de la Confesión. Todos somos invitados al banquete celestial. ¿Pero cuántos aceptan la invitación a ese banquete? ¿Y cuántos van a él con el alma digna y limpia? Tenemos que ser cuidadosos, recordando las palabras de Jesús en el Evangelio, "Amigo, ¿cómo has entrado aquí sin vestirte de fiesta?" Personas que reciben al Señor en la Sagrada Eucaristía con el alma sucia de pecado cometen otro pecado. Si no se arrepienten y piden perdón a Dios, al morir tendrán que escuchar lo que dice el Señor al final del Evangelio: "Atadlo de pies y manos y arrojadlo fuera, a las tinieblas. Allí será el llanto y el rechinar de dientes".

En la Segunda Lectura San Pablo les expresa a los cristianos de Filipos su agradecimiento por la ayuda en su tribulación. En aquel tiempo Pablo se encontraba encarcelado. Hasta entonces nunca había aceptado bienes materiales de ninguna de sus comunidades. Antes de conocer a Cristo vivió en abundancia. Después, por Cristo, vivió en la pobreza. Pero su amor a Cristo era tan grande que bien claro dice, "Todo lo puedo en aquel que me conforta". San Pablo siempre evangelizó gratuitamente. Se mantenía con su propio trabajo. Pero en este caso, agradecido, les dice, "hicisteis bien en compartir mi tribulación". Y les asegura que Dios proveerá a la comunidad en sus necesidades. Aquí nos reafirma lo que ya muchos cristianos sabemos, que cuando damos caridad desinteresadamente, Dios la repaga con creces.

El Evangelio de hoy nos invita a prepararnos día a día para nuestro encuentro final con Dios. Cada día todos somos invitados al banquete. Lo que nos falta ahora es llegar con bien a nuestro término final, preparados para ser contados entre los elegidos.

Twenty Eighth Sunday of Ordinary Time
Cycle A

Readings: 1) Isaiah 25:6-10 2) Philippians 4:12-14, 19-20 3) Matthew 22:1-14

This Sunday, as on past Sundays, Jesus in the Gospel Reading, talks in a parable. In it there are two parts that can appear to be different but that are related to each other. The first part describes to us the urgent call of God to his people. The Hebrew people were the chosen people, God's friends. So they were the first to be invited to enjoy the wedding feast of the Son of God who takes the Church to be his bride. The guests of honor refused the invitation, in other words, the words of the prophets through the centuries that announced the coming of the Messiah. God calls them once again. The second invitation is more urgent. This time God calls them, using the teachings of Christ and the Apostles, saying that everything is ready: "The banquet is prepared. Come to the wedding." And this banquet has to be celebrated. But the invited refuse this second invitation and even mistreat and kill the Apostles, who the parable describes as the servants of God. The second part of the Parable explains the conditions imposed on those who would participate in the banquet. The Chosen People did not accept the invitation, so God sent out his servants, saying to them, "Go out to the crossroads and invite to the wedding everyone who you encounter." God decided to open up the doors of the banquet hall to all of humanity.

In Christ's times, when the people invited entered into the banquet hall, they were given clean clothing for the feast, in that way they did not have to go to the banquet in the dusty and dirty clothes they had used on the trip there. When we confess our sins we clothe ourselves with a clean garment leaving behind the filth of sin so that we can sit at the Table of the Lord. Jesus says in the parable that the king, when he entered and greeted the guests, saw that one person had not been clothed in his party clothes. This describes someone who participates in the banquet receiving the Holy Eucharist without first having changed his or her dirty, sinful clothing through Confession. We are all invited to the celestial banquet. But how many accept the invitation to that banquet? And how many others go to it with a clean and worthy soul? We should be careful, remembering the words of Jesus in the Gospel Reading, "Friend, how is it that you entered here without first dressing for the feast?" People who receive the Lord in the Holy Eucharist with a soul dirtied by sin commit another sin. If they do not repent and ask God for mercy, when they die they may have to hear what the Lord says at the end of the Gospel Reading: "Bind his hands and feet, and cast him into the darkness outside, where there will be wailing and grinding of teeth."

In the Second Reading, Saint Paul says to the Christians of Philippi that he is grateful for their help in his tribulation. He was in prison. Until then he had never accepted material goods of any kind from his communities. Before knowing Christ he lived in abundance. Afterwards, for Christ, he lived in poverty. But his love for Christ was so great that he clearly said, "I have the strength for everything through him who comforts me." Saint Paul always evangelized without pay. He supported himself through his own work. But in this case, gratefully, he says, "it was kind of you to share in my distress." And he assures them that God will provide for the community's needs. Here he reaffirms what many Christians already know, that when we give without seeking a reward, God repays us tenfold.

The Gospel Reading today asks us to prepare for our final encounter with God. Every day we are invited to the banquet. The only thing left for us to do is to get to our final destination safely, prepared to be counted among the chosen.

Vigésimo Noveno Domingo del Tiempo Ordinario
Ciclo A

Lecturas: 1) Isaías 45,1.4-6 2)1 Tesalonicenses 1,1-5 3) Mateo 22,15-21

El Evangelio nos relata que los Herodianos y los Fariseos se unieron para tenderle una trampa a Jesús. Uno de estos dos grupos eran seguidores de Herodes y el otro una secta de la religión judía. No tenían nada en común entre ellos. Ni siquiera se tenían simpatía. Pero como no habían podido coger a Jesús de ninguna manera, hicieron un acuerdo para comprometerlo. Llegaron hasta Él con palabras halagadoras, como mansos corderos aunque, en el fondo, el Señor ya sabía que eran lobos feroces. Le preguntaron, "Dinos, pues, qué opinas: ¿es lícito pagar el impuesto al César o no?" Esta pregunta encerraba un gran dilema. Estaban seguros que en la respuesta a esa pregunta le iban a detener. Si contestaba de una o de otra manera, sería arrestado y condenado por las autoridades judías o Romanas. El impuesto, o tributo, que en aquel tiempo tenían que pagar los judíos a los Romanos era considerado como una forma de colaborar con el poder extranjero que se había apoderado del territorio judío. Si Jesús decía que era lícito pagarlo, los Fariseos le acusarían ante el pueblo judío de traición. Si decía que no era lícito pagarlo, los Herodianos le acusarían ante los Romanos de insurrección. El Señor rápidamente captó la mala voluntad de aquella gente y les dijo sinceramente y sin reparos, "¡Hipócritas!, ¿Por qué me tentáis?"

Al contestar Jesús, "Dale al César lo que es del César, y a Dios lo que es de Dios", nos enseña que Él no estaba en contra de obedecer a las autoridades civiles. Y quiere que también nosotros las obedezcamos. Pero ante todo debemos tener presente nuestras obligaciones con Dios. El Señor quiere de nosotros que seamos personas íntegras con las leyes que el estado nos marca, como pagar nuestros impuestos debidamente y sin trampas u obedecer las leyes de tráfico. Pero también quiere que seamos valientes cuando los gobiernos nos empujan a aceptar alguna ley que va en contra de la ley de Dios, tal como el aborto, la eutanasia, las manipulaciones genéticas y el divorcio. Tenemos la obligación, como cristianos, de protestar contra ellas usando los medios legales que estén a nuestro alcance, porque son leyes pecaminosas e injustas. Para todos es más que sabido que la autoridad civil y la Iglesia son dos entidades independientes. Cada una tiene sus propias leyes. Pero los preceptos de la Iglesia son leyes divinas, leyes que todos tenemos que obedecer siguiendo la voluntad de Dios. Pero ¡cuidado! Con esto no estamos diciendo que no hay que respetar las leyes civiles que sean justas.

Entonces, ¿cuáles deben ser las relaciones entre la Iglesia y el estado? La contestación que dio Jesús a los Fariseos nos enseña que aunque el estado tiene sus derechos también tiene que respetar los derechos de la Iglesia, que son los derechos de Dios.

La Primera Lectura nos reafirma que Dios elige como instrumentos de salvación a quien quiere, cuando quiere y como quiere. Para sacar a su pueblo del destierro, escogió como instrumento al Rey Ciro, que era pagano. El profeta Isaías le denomina, "el ungido de Dios", ya que formó parte del plan que Dios tenía para ayudar a su pueblo. Este rey no conocía a Dios pero con su victoria sobre el reino de Babilonia, liberó al pueblo de Dios del exilio que habían padecido por más de 70 años. Esta lectura nos reafirma la inmensa grandeza de Dios. Cuando Él quiere algo nadie puede negarse.

Recordemos lo que nos pide el Señor en el Evangelio de hoy. Hay que obedecer las leyes civiles, siempre que sean justas y no vayan en contra de las leyes divinas. No podemos separar nuestra vida humana de nuestra fe. Las leyes de Dios siempre son más importantes que las leyes del hombre.

Twenty Ninth Sunday of Ordinary Time
Cycle A

Readings: 1) Isaiah 45:1, 4-6 2) 1 Thessalonians 1:1-5 3) Matthew 22:15-21

The Gospel Reading tells us that the Herodians and the Pharisees united to set a trap for Jesus. One of these two groups was made up of followers of Herod and the other was a sect of the Jewish religion. They had nothing in common. They didn't even like each other. But since they were unable to get Jesus by any other means, they made an agreement to try to put him in a bind. They came up to him with words of praise, like meek sheep, even though the Lord already knew they were ferocious wolves. They asked him, "Tell us what you think: Is it lawful to pay the tax to Caesar or not?" This question was part of a larger dilemma. They were sure that the answer to this question would lead to his arrest. Whichever way he answered, he would be arrested and imprisoned by the Jewish or the Roman authorities. The tax, or tribute, that in those days the Jews paid to the Romans was considered to be a form of collaboration with the foreign power that had conquered the Jewish territory. If Jesus said that it was lawful to pay it, the Pharisees would accuse him before the Jewish public of treason. If he said it was not lawful to pay it, the Herodians would accuse him before the Romans of insurrection. The Lord rapidly understood the bad will of these people and he answered sincerely and without holding back, "Hypocrites! Why do you tempt me?"

When Jesus answered, "Give to Caesar what is Caesar's and to God what is God's" he shows us that he is not against obeying the civil authorities. And he wants us to obey them. But we must take into account our obligations to God. The Lord wants us to be people who are honest with the laws that the state has, like paying our taxes as we should and without cheating and obeying the traffic laws. But he also wants us to be courageous when governments push us to accept some law that goes against the Law of God, such as abortion, euthanasia, genetic manipulation and divorce. We have the obligation, as Christians, to protest against these laws using all legal means at hand, because these laws are sinful and unjust. We all know that the civil authority and the Church are two independent entities. Each one has its own laws. But the precepts of the Church are divine laws, laws that all of us must obey to do the will of God. But, be careful! This does not mean that we do not have to respect civil laws that are just.

Then, what should be the relationship between Church and state? Jesus gave the answer to the Pharisees when he showed them that even though the state has rights it also has to respect the rights of the Church, which are the rights of God.

The First Reading tells us that God chooses as instruments of salvation whoever he wants to, when he wants to and how he wants to. To free his people from exile, he chose as an instrument King Cyrus, who was a pagan. The Prophet Isaiah called him, "the anointed of God," since he was part of the plan that God had to help his people. This king did not know God but his victory of the kingdom of Babylon, freed the people of God from the exile they had suffered for more than 70 years. This reading reaffirms the immense greatness of God. When he wants something no one can stand in his way.

Let us remember what the Lord asks of us in the Gospel Reading today. We have to obey civil laws, whenever they are just and do not go against divine law. We cannot separate our human life from our life of faith. The Laws of God are always more important than the laws of man.

Trigésimo Domingo del Tiempo Ordinario
Ciclo A

Lecturas: 1) Éxodo 22, 20-26 2) 1 Tesalonicenses 1, 5-10 3) Mateo 22, 34-40

El Evangelio nos habla del mandamiento más importante de la ley de Dios. En realidad, son dos mandamientos, aunque Jesús no los separa. El primero nos exige amar a Dios sobre todas las cosas. El segundo es semejante al primero, "Amarás al prójimo, como a ti mismo". Estos dos mandamientos son exigentes porque además de pedirnos fidelidad absoluta a Dios, nos piden amar desinteresadamente a
todo individuo, sea extranjero o conciudadano. Prohíbe, bajo pena de pecado, discriminar, despreciar o manipular. Nos pide además comprensión y tolerancia hacia el prójimo. Y nos exige ayudar siempre que veamos cualquier necesidad. Hay varias maneras de dar respuesta a Dios en este mandamiento. Una de ellas puede ser ayudando económicamente al hermano necesitado, con lo que se pueda dentro de nuestro presupuesto. Casi todos podremos hacerlo, solamente dejando algunas cosas que no sean verdaderamente necesarias.

En la Primera Lectura, Dios nos dice, "No oprimirás ni vejarás al forastero porque forasteros fuisteis vosotros". Este mandato nos viene como anillo al dedo. En las grandes ciudades de nuestro país viven familias con escasos recursos. Muchas de ellas han venido de otros países buscando una mejor vida, dejando patria, familia e incluso hijos y cónyuge. Para iniciar este viaje difícil muchos tuvieron que dar todos sus ahorros. Lo hicieron con la esperanza de que al llegar a la nueva tierra encontrarían un buen trabajo bien remunerado y una vivienda cómoda a la que podrían traer a sus familias. Pero muchas veces, no ocurre así. Cuando llegan al país de destino, especialmente este, encuentran que todo es diferente a lo planeado. Algunos sienten soledad y frustración. Además de la incomprensión del idioma y cultura encuentran esa indiferencia típicamente Americana. Debido a eso, son fácilmente engañados por personas usureras. Otros caen en la droga o en el alcohol. Muchos de ellos vienen a nuestra iglesia buscando comprensión, ayuda y la amistad del hermano Hispano. Es importantísimo que cuando llegan nuevas familias a nuestra comunidad, más aún si llegan personas solas, les acojamos desinteresadamente con prudencia y verdadero cariño cristiano, apoyándoles con caridad. También ellos, cuando se sitúen, podrán ayudar a otros.

La Segunda Lectura es de la primera carta de San Pablo a los Tesalonicenses. Fue escrita, más o menos, 20 años después de morir Cristo. Es el texto más antiguo del Nuevo Testamento. Se escribió incluso antes que los Evangelios. San Pablo no pasó mucho tiempo en Tesalónica durante su primera visita a esa ciudad. Predicó en la sinagoga pero a las autoridades judías no les gustó lo que predicaba. Entonces empezó evangelizando a los paganos que le escucharon y admitieron. Así formó la primera comunidad cristiana en la ciudad. Tampoco esto le gustó a la jerarquía judía. San Pablo fue perseguido, maltratado e incluso trataron de arrestarlo pero se alejó de la ciudad. Su amigo Timoteo, más tarde, cuando Pablo estaba encarcelado, le comunicó que los cristianos de Tesalónica se mantenían fieles en la fe cristiana que él les enseñó, a pesar de que sufrían presiones y vejaciones. A San Pablo, las palabras
de Timoteo le causaron gran satisfacción. Entonces les escribió una carta felicitándoles por esa fidelidad a Cristo.

Cada domingo nos reunimos en comunidad en este templo para la celebración de la Santa Misa. Así mostramos que amamos a Dios sobre todas las cosas y también al hermano en la fe. De esta forma cumplimos el mandamiento que nos pide Cristo en el Evangelio de hoy.

Thirtieth Sunday of Ordinary Time
Cycle A

Readings: 1) Exodus 22:20-26 2) 1 Thessalonians 1:5-10 3) Matthew 22:34-40

The Gospel Reading tells us about the most important commandment of the law of God. Actually, these are two commandments, although Jesus does not separate them. The first demands that we love God above all things. The second is like the first, "You will love your neighbor as yourself." These two commandments are demanding because besides asking us to be absolutely faithful to God they ask us to love everyone freely, whether a foreigner or compatriot. It prohibits, under pain of sin, discrimination, contempt or manipulation. It also asks us to be understanding and tolerant of our neighbor. And it demands that we help others whenever we see any need. There are various ways to do what God wants us to do in this commandment. One of them could be to help a brother in need economically with what we can within our budget. Almost all of us can do that, if we just stop buying some things that are not really necessary.

In the First Reading, God tells us, "You shall not molest or oppress an alien, for you were once aliens yourselves." This command fits us to a tee. In the large cities of our country families live who have very little. Many of them have come from other countries looking for a better life, leaving behind their country, family and even children and spouses. To start off on this difficult trip many of them had to spend all of their savings. They did so with the hope that when they arrived in the new country they would encounter a good job, be well paid and find a comfortable home to which they could bring their families. But many times this does not happen. When they get to the country they are going to, especially this one, they encounter that everything is different from what they planned. Some of them feel lonely and frustrated. Besides not understanding the language and culture, they encounter the typical American indifference. Because of this, unscrupulous people easily deceive them. Others get into drugs or alcohol. Many of them come to our church seeking understanding, help and friendship from their Hispanic sisters and brothers. That is why it is so important that when new families arrive in our community, even more so if they are single people, that we accept them with prudence and true Christian love, supporting them in charity. They can also, when they are situated, help others.

The Second Reading is from the first letter of Saint Paul to the Thessalonians. It was written less than 20 years after Christ died. It is the oldest text in the New Testament. It was written even before the Gospels. Saint Paul did not spend much time in Thessalonica during his first visit to the city. He preached in the synagogue but the Jewish authorities did not like what he preached. So he began to evangelize the pagans who listened and welcomed him. That is how the first Christian community was formed in that city. The Jewish hierarchy did not like this either. Saint Paul was persecuted, mistreated, and they event tried to arrest him, but he left the city. His friend Timothy, sometime later, when Paul was in prison, told him that the Christians in Thessalonica had remained faithful to the Christian faith that Paul had taught them, in spite of suffering pressures and persecutions. To Saint Paul, Timothy's words were a cause of great satisfaction. He then wrote this letter to them congratulating them for their fidelity to Christ.

Each Sunday we gather together in community in this temple to celebrate the Holy Mass. In this way we show that we love God above all things and our brothers and sisters in the faith. In this way we obey the commandment as Christ asked us to in the Gospel Reading today.

Trigésimo Primer Domingo del Tiempo Ordinario
Ciclo A

Lecturas: 1) Malaquías 1,14-2, 2. 8-10 2) 1 Tesalonicenses 2, 7-9. 13 3) Mateo 23,1-12

Dice el Evangelio que Jesús habló a la gente y a sus discípulos diciéndoles que los Fariseos y los letrados eran los que hacían las leyes espirituales y que tenían que seguir sus mandatos pero no su ejemplo. Señalando las costumbres negativas y altaneras de los Fariseos, les llamó hipócritas porque iban pregonando la virtud que no poseían. Reprochó el afán desmesurado que tenían de dinero y poder. A pesar de sus vidas pecaminosas se atrevían a criticar al pueblo diciendo que no cumplían las reglas de la Ley de Moisés.

Lo que enseñaba el Señor a los Apóstoles, en presencia de la multitud allí reunida, era que ellos, como sus seguidores, tendrían que comportarse lo opuesto a los Fariseos. Dejó claro que debían cumplir las leyes religiosas impuestas por las autoridades pero que nunca debían imitarles en sus vanidades y ambiciones. Como tenía por costumbre, hablo claro. Les dijo que los Fariseos eran hipócritas. Todo lo que hacían era para que les viera la gente. Reclamaban los primeros puestos de honor en los banquetes y las sinagogas. Buscaban el halago y que la gente les hiciera reverencias por la calle. Con estas palabras Cristo no estaba condenando a la jerarquía en general. Hoy en día, como en aquellos tiempos, hay en las comunidades, una mezcla de personas intachables y personas indeseables. El Señor estaba condenando la actitud de los que ejercían cargos importantes de una manera impropia y que, además, condenaban al pueblo por pecados que ellos mismos cometían.

A las personas con una responsabilidad, sea en la sociedad en general o en la Iglesia, se les exige capacidad y constancia. Pero, además, si se trata de un ministerio dentro de la Iglesia, tienen el deber ineludible de mostrarse exigentes con ellos mismos, dando testimonio del Evangelio, no solamente con la fidelidad de su propia vida, sino con honestidad y sinceridad a su ministerio.

En la Segunda Lectura, San Pablo les recuerda a los cristianos de Tesalónica su comportamiento ejemplar hacia ellos. No lo estaba haciendo para vanagloriarse o para que le repagaran su ministerio. Con su comportamiento ya les había mostrado su fidelidad y celo apostólico; también su gran humildad ante Dios y ante la comunidad. Nunca hizo distinciones de ninguna clase entre ellos. Siempre sabía decirles la verdad y amonestarles cuando él creía que lo merecían. Si veía que se hacía algo indigno a los ojos de Dios, sabía mostrarse exigente, ejerciendo su autoridad como ministro de la Iglesia y pidiéndoles que siguieran el Evangelio. Recordemos la Segunda Lectura del domingo anterior que nos decía que los cristianos de Tesalónica fueron fieles a las enseñanzas de Pablo, viendo en él al Apóstol escogido por Dios que supo llevar su ministerio con fidelidad, apoyándose en la fe y en la Palabra de Dios.

La Primera Lectura enseña, con claridad, que la persona que ejerce algún cargo especial dentro del la Iglesia debe ser responsable hasta el máximo. Fijémonos en lo que dice: Dios rechazará a toda persona que se muestre infiel a Él en su ministerio o vocación.

En el Evangelio Cristo dice, especialmente a los miembros de la comunidad, que se comporten unos con otros, por amor a Dios, con prudencia, responsabilidad y humildad. Prestemos atención a las últimas palabras que dice el Señor en el Evangelio, "El primero entre vosotros será vuestro servidor. El que se enaltece será humillado, y el que se humilla será enaltecido".

Thirty First Sunday of Ordinary Time
Cycle A

Readings: 1) Malachi 1:14-2:2, 8-10 2) 1 Thessalonians 2:7-9, 13 3) Matthew 23:1-12

The Gospel Reading tells us that Jesus spoke to the people and his disciples telling them that, since the Pharisees and the scribes were the ones who enacted the spiritual laws, they had to obey those laws but not their example. Detailing the negative and arrogant customs of the Pharisees, he called them hypocrites because they preached virtue but did not possess it. He reproached their unfettered lust for money and power. In spite of their sinful lives they dared to criticize the people telling them that they did not obey the rules of the Law of Moses.

What the Lord taught his Apostles, in the presence of the multitude gathered there, was that they, as his followers, had to do the opposite of what the Pharisees did. He clearly stated that they should obey the laws of their religion as decreed by the authorities but that they should never imitate their vanity and ambition. As was his custom, he spoke clearly. He told them that the Pharisees were hypocrites. All that they did was so that the people could see them. They fought over the seats of honor in the banquets and synagogues. They sought praise and that the people should bow to them in the street. With these words, Christ was not condemning the hierarchy in general. Today, as in those times, the communities are made up of some very good people and some undesirable people. The Lord condemned the attitude of those who held important positions of responsibility and who, while acting in an inappropriate manner, condemned the people for sins that they committed.

People who have responsibilities, whether in society in general or in the Church, are held to a higher standard of ability and perseverance. What's more, if they are ministers in the Church they have an inescapable duty to be strict with themselves, giving testimony of the Gospel, not only through faithfulness in their own lives, but through honesty and sincerity in their ministry.

In the Second Reading, Saint Paul reminds the Christians of Thessalonica of his exemplary attitude towards them. He does not do this to praise himself or to get them to repay him for his ministry. His behavior had already shown them his fidelity and his apostolic zeal, as well as his great humility before God and the community. He never had favorites. He always told the truth and corrected those who needed it. If he saw something that was not worthy in the eyes of God, he knew how to bring that up, exercising his authority as a minister of the Church and asking them to obey the Gospel. Let us remember that the Second Reading of last Sunday told us that the Christians of Thessalonica were faithful to the teachings of Paul, seeing in him an Apostle chosen by God who knew how to exercise his ministry faithfully, supported by faith and the Word of God.

The First Reading shows us, clearly, that whoever exercises any special ministry in the Church should do so with maximum responsibility. Notice what it says: God will reject any person who is unfaithful to him in his or her ministry or vocation.

In the Gospel Reading, Christ says, especially to the members of the community, that they should behave towards each other, for the love of God, with prudence, responsibility and humility. Let us pay attention to the last words that the Lord says in the Gospel, "The greatest among you will be your servant. Whoever exalts himself shall be humbled and whoever humbles himself shall be exalted."

Trigésimo Segundo Domingo del Tiempo Ordinario
Ciclo A

Lecturas: 1) Sabiduría 6,12-16 2)1 Tesalonicenses 4,13-18 3) Mateo 25,1-13

En el Evangelio el Señor se expresa nuevamente con una parábola. La razón que habló en parábolas fue para que la gente común del pueblo entendiera mejor lo que Él decía. La parábola de hoy nos pide una vigilancia cautelosa y sensata a la espera del Señor. Ser negligente en algo tan esencial es temerario, es descuidar nuestro último destino. Los cristianos debemos ser como las cinco doncellas que supieron esperar al esposo bien preparadas. Aunque no sabían cuándo iba a llegar, supieron permanecer vigilantes. Para ellas lo importante era ser fieles en la espera. En todas las épocas de la humanidad ha habido personas que no se han preocupado para nada de que un día llegará la muerte. Este trance lo toman con gran ligereza. Algunos dicen, "Bueno, aún no sé cuándo llegará, pero hay tiempo para prepararse". Personas con estas creencias están jugando con fuego. Y el que juega con fuego a veces se quema. Esto puede ocurrirles a personas que piensan así. Hay otras personas que dicen, "No sé cuándo va a llegar pero no voy a empezar a preocuparme desde ahora. No voy amargarme la vida en algo que ni sé cuándo llegará". Y hay otros que creen que a ellos nunca les va a llegar la muerte, aunque la ven cada día y hasta comprueban que nadie se salva de ella. Esto suelen pensar los jóvenes. ¿Y qué pasaría si para algunas de estas personas les llegaba la muerte hoy? Es muy probable que no pudieran entrar al banquete de bodas del Cordero de Dios. Lo trágico es que no se están preparando y hay un momento en la vida que ya no habrá tiempo.

La preparación de un cristiano debe ser no dejar para mañana lo que tiene que hacer hoy. Esta preparación es la más importante de todas las cosas aquí en la tierra. Sería necio pensar, "hay tiempo", porque, ¿cómo se puede saber de cuánto tiempo disponemos? Precisamente el problema del ser humano es que no sabemos ni el día ni la hora. Así que, ¿cómo podemos vivir tan descuidados, sin una preparación, en algo tan trascendental? Si estamos preparados no debemos sentir miedo. El Señor nos estará esperando para darnos una vida nueva.

La Segunda Lectura sigue este domingo hablándonos de la primera carta de San Pablo a la comunidad cristiana de Tesalónica. Llevamos tres domingos consecutivos escuchando sobre ella. En esta carta, San Pablo se centró en lo que llamamos *parusía*. Esta palabra Griega la usó para definir la Segunda y Última Venida de Cristo. No se sabe cuándo volverá el Señor. Pero San Pablo dice que Cristo, "a la voz del ángel y al son de la trompeta divina", descenderá del cielo. Todo esto lo expresó San Pablo con mucha claridad a los tesalonicenses pero algunos no entendieron bien su predicación. Se quedaron preocupados, ya que pensaban que solamente los que habían muerto antes de la Segunda Venida de Cristo se salvarían. Les entristeció pensar que familiares y amigos ya muertos se salvarían pero ellos, los que aún vivían, no. San Pablo les aclaró la suerte de los difuntos, asegurándoles que si ellos, los vivos, creen que Jesús ha muerto y resucitado, al igual que los que ya murieron en Jesús, Dios los llevará con Él también.

En esta época hay muchos que creen que con esta vida termina todo. Muchos de ellos se denominan agnósticos. Debido a eso, tratan, dentro de sus posibilidades, vivir la vida a tope. Nosotros, los que creemos en Dios, por la fe, vemos la muerte no como un final sino como un principio. Es la iniciación a nuestra nueva vida, sin dolor, sin angustias, sin ninguna preocupación, contemplando a Dios cara a cara. Como dijo San Pablo, "Ni el ojo vio, ni el oído oyó, ni el hombre puede pensar lo que Dios ha preparado para los que lo aman". (1 Cor 2:9)

Thirty Second Sunday of Ordinary Time
Cycle A

Readings: 1) Wisdom 6:12-16 2) 1 Thessalonians 4:13-18 3) Matthew 25:1-13

In the Gospel Reading, the Lord once again expresses himself with a parable. The reason that he spoke in parables was so that the common people would understand better what he said. The parable today asks us to be cautiously vigilant and sensible as we wait for the Lord. Negligence in something as essential as this is dangerous, placing in danger our own ultimate destiny. We Christians have to be like the five young girls who knew how to wait well prepared for the bridegroom. Even though they did not know when he would arrive, they knew how to remain vigilant. For them the most important thing was to remain faithful as they waited. In all times there have been people who have not worried at all that one day death would overtake them. They take it lightly. Some say, "Well, I still don't know when it will arrive, but there is time to prepare." People who think this way are playing with fire. And whoever plays with fire sometimes gets burned. This can happen to people who think that way. Other people say, "I don't know when it will arrive but I'm not going to start worrying about it now. I'm not going to sour my life thinking about something, when I don't even know when it will arrive." And others think that death will never overtake them, even though they see it every day and they can see that no one escapes it. This is usually the way young people think. And what would happen if some of these people died today? They probably would not be able to enter into the wedding banquet of the Lamb of God. The tragic part is that they are not preparing and there comes a time in life when there is no time left to prepare.

A Christian should prepare by not leaving for tomorrow what can be done today. This preparation is the most important thing here on earth. It would be stupid to say, "There is time," because, how do we know how much time we have left? The problem is that human beings don't know the day or the hour. So, how can we live so haphazardly, without preparing, for something so transcendental? If we are prepared we should not be afraid. The Lord will be waiting for us to give us a new life.

The Second Reading continues this Sunday talking to us about the First Letter of Paul to the Christian community of Thessalonica. On three consecutive Sundays we have listened to it. In this letter, Saint Paul concentrates on what we call the *Parousia*. This Greek word is used to define the Second and Final Coming of Christ. We don't know when the Lord will return. But Saint Paul says that Christ, "with the voice of an angel and the sound of the divine trumpet," will descend from heaven. All of this Saint Paul very clearly said to the Thessalonians but some did not understand his preaching well. They were worried, since they thought that only those who had already died before the Second Coming of Christ would be saved. They were saddened to think that family members and friends who had already died would be saved but they, those who are still alive, would not. Saint Paul clarifies what will happen to the dead, assuring them that if they, the living, believe that Jesus has died and risen from the dead, just as those who have already died in Jesus, God will also take them to heaven.

Today there are many people who think that everything ends when we die. Many of them call themselves agnostics. Because of this they try, as best as they can, to live life to the max. Those of us who believe in God, through faith, see death not as an end but as a beginning. It is the beginning of our new life without pain, without heartaches, without worries, seeing God face to face. As Saint Paul said, "Eye has not seen, ear has not heard nor can humanity think of what God has prepared for those who love him." (1 Cor 2:9)

Trigésimo Tercer Domingo del Tiempo Ordinario
Ciclo A

Lecturas: 1) Proverbios 31,10-13.19-20. 30-31 2)1 Tesalonicenses 5,1-6 3) Mateo 25,14-30

En el Evangelio de la Santa Misa, el Señor expone la parábola de los talentos. Estos simbolizan los dones que como individuos hemos recibido de Dios. Esta parábola, lo que, en sí, quiere decir, es que los cristianos somos los siervos de Dios. Todos hemos recibido algún talento. Aunque unos han recibido más que otros, a todos se nos ha dado dones y habilidad para administrarlos. Cada uno los usará a su manera y de muy distintas maneras. Según hagamos uso de ellos será la recompensa.

La parábola nos muestra a tres empleados trabajando para un mismo dueño. Dos de ellos eran fieles y cumplidores. El otro era negligente y holgazán. En aquella época un talento era muchísimo dinero. El empleado al que se le confió un talento demostró ser descuidado y pusilánime. No quiso arriesgarse con el talento, que era una verdadera fortuna. Nosotros también tenemos gran responsabilidad de ese tesoro de talentos que el Señor nos ha dado. Hay que hacerlos fructificar. Esos dones recibidos son prestados. Nunca serán nuestros. Y el Señor quiere que los usemos en beneficio de otros. Por eso tenemos que estudiar la manera de administrarlos con sabiduría. Porque llegará un día que tendremos que dar cuentas a nuestro dueño, que es Dios, de cómo fueron usados.

El que usa bien sus talentos, trabajando con ahínco sin importarle si es dueño del negocio o empleado, aquí en la tierra, ya tendrá la recompensa porque en su vida habrá más paz y probablemente también más prosperidad. Lo importante es ser honestos, haciendo bien el trabajo para que el negocio prospere como si fuera propiamente nuestro. Por el contrario, el que trabaja sin responsabilidad, haciéndose el vago, sin importarle para nada los intereses del dueño puede ser que un día sea amonestado y despedido, perdiendo todo lo que tenía.

Para sacarle beneficio a nuestros talentos, habrá que cumplir nuestras obligaciones a tope en todas las empresas de nuestra vida. Habrá que fructificar nuestros talentos con rectitud de conciencia y para el bien de los otros, no solamente en el trabajo, sino en la familia, la comunidad, la iglesia. Tengamos en cuenta que al que ha recibido más se le exigirá muchísimo más y al que ha recibido menos se le exigirá menos. El Señor, como siempre, habla clarísimo en el Evangelio de hoy. Y así quiere que lo hagamos nosotros también. Del que no ha sabido hacer buen uso de los talentos que ha recibido, Dios dirá: "A ese empleado inútil echadlo fuera a las tinieblas". Y vuelve a repetir lo que dijo en el Evangelio del domingo anterior: "Allí será el llanto y el rechinar de dientes".

La Primera Lectura hoy es del Libro de los Proverbios. Exalta a la mujer hacendosa y fiel. Dichoso el hombre que ha encontrado una mujer así y la tiene como esposa. Puede confiar plenamente en ella porque da prosperidad al hogar con su tesón y trabajo. Una esposa así piensa más en los miembros de su familia que en ella misma. Trata de mantener orden y bienestar en la casa para ella y los suyos. Demuestra que sabe usar los talentos que Dios le confió. Las mujeres, y también los hombres comprensivos y tolerantes, saben que un hogar limpio, ordenado y próspero no se logra sin entrega y mucho sacrificio. La Primera Lectura dice que una mujer con estas cualidades es digna de alabanza. Por eso los maridos, los hijos y el resto de la familia, deben agradecerle su constancia y su trabajo y, sobre todo, demostrarle cariño, respeto y mucha gratitud.

Thirty Third Sunday of Ordinary Time
Cycle A

Readings: 1) Proverbs 31:10-13, 19-20, 30-31 2) 1 Thessalonians 5:1-6 3) Matthew 25:14-30

In the Gospel Reading of this Holy Mass, the Lord presents the parable of the talents. These symbolize the gifts that we, as individuals, have received from God. This parable explains that we Christians are servants of God. We have all received some talent. Even though some have received more than others, all of us have received talents and the ability to administer them. Each one will use them as he or she sees fit and in very different ways. Our reward depends on how we use them.

The parable shows us three people who worked for the same boss. Two of them were faithful and hard working. The other was negligent and lazy. In those times a talent was a lot of money. The worker to whom one talent was entrusted was careless and untrustworthy. He did not want to take risks with the one talent, which was a veritable fortune. We also have a great responsibility over the treasury of talents that the Lord has given us. We have to make them grow. Those gifts we receive are loaned to us. They are never ours. And the Lord wants us to use them to benefit outers. That is the reason that we have to study how to administer them wisely. Because a day will come when we will have to account to our boss, who is God, for how we used them.

Whoever uses well his or her talents, working hard, without worrying if he or she is the owner of the business or an employee, here on earth, already has a reward because their life will be filled with peace and, probably, with prosperity. The important thing is to be honest, working well so that the business prospers as if it were our own. On the contrary, whoever works irresponsibly, slacking off, without worrying about the interests of the boss, could one day find themselves sanctioned and fired, losing everything they had.

In order to benefit from our talents, we have to meet our obligations in all of the things we do in our life. We will have to make them grow with a clear conscience and for the good of others, not only in the workplace, but also in the family, the community and the church. We have to understand that from those who have received much, much will be asked, and from those who received less, less will be demanded. The Lord, as always, speaks very clearly in today's Gospel. And that is the way he wants us to speak also. To whoever has not known how to use well the talents he or she has received, God will say, "Throw that useless servant out into the darkness." And he will repeat what he said in the Gospel Reading last Sunday, "Where there will be weeping and grinding of teeth."

The First Reading today is from the Book of Proverbs. It exalts the woman who is industrious and faithful. Happy is the man who has encountered such a woman and has her as his wife. He can completely trust in her because she brings prosperity to the home with her fortitude and her work. A wife like that thinks more about the members of the family than about herself. She tries to maintain order and well being in the home for herself and for others. She shows that she knows how to use the talents that God has given her. Women, and also men who are understanding and tolerant, know that a clean, orderly and prosperous home is not attained without dedication and a lot of sacrifice. The First Reading says that a woman with these qualities is worthy of praise. For that reason husbands, children and the rest of the family should be thankful for her perseverance and her work and, above all, show her love, respect and much gratitude.

Nuestro Señor Jesucristo, Rey del Universo
Ciclo A

Lecturas: 1) Ezequiel 34,11-12. 15-17 2) 1 Corintios 15, 20-26. 28 3) Mateo 25, 31-46

Hoy celebramos la Solemnidad de Nuestro Señor Jesucristo, Rey del Universo, un día grande para nuestra Iglesia. En el Evangelio escuchamos a Jesús decir a sus discípulos que un día vendrá el Hijo del Hombre y todos los ángeles con Él. Se sentará en el trono de su gloria y serán reunidas ante Él todas las naciones.

Jesucristo, además de ser Rey del Universo, es el Pastor de su rebaño, que somos todos los miembros de la Iglesia. Hay personas que pasan por alto que Cristo es, a la vez, Rey y Pastor porque no les gusta escucharlo. Algunos hasta piensan, "¿quién va a creer eso?" Lo creemos nosotros, por la fe. Por ella comprendemos, sin vacilación, que el reinado de Cristo es un reino de justicia y de verdad y que Él, como Pastor, cuida de sus ovejas. No podemos comparar los reinos de este mundo con el Reino de Cristo Rey. Cuando Cristo en su segunda y última venida aparezca con toda su magnificencia y se siente en su trono, los reinos de la tierra ya no existirán. Habrán acabado las injusticias. Toda la humanidad será juzgada. Unos recibirán el castigo eterno. Otros lograrán la vida eterna.

El Evangelio de hoy se presta a una meditación seria y prolongada. San Mateo describe cómo será nuestro último juicio. El Rey de Reyes, en toda su inmensidad, es también pastor del rebaño de su Iglesia. Él separará a las ovejas de las cabras. Como Rey Soberano de cielo y tierra, pondrá a unos a la derecha y a otros a la izquierda. Los que le siguieron con fidelidad estarán a su derecha y tendrán la dicha de escuchar, "Venid vosotros, benditos de mi Padre; heredad el Reino preparado para vosotros desde la creación del mundo". Los que estén a la izquierda serán los que murieron en pecado y nunca se arrepintieron. Esos tendrán la desdicha de escuchar: "Apartaos de mí, malditos; id al fuego eterno preparado para el diablo y sus ángeles". Después de escuchar este Evangelio, ¿Habrá algún cristiano que siga pecando sin propósito de enmienda?

En el Nuevo Testamento, el Señor con frecuencia se describe a sí mismo como pastor del rebaño. Hay personas, y no es solamente una sino muchísimas, que tienen la idea que el Buen Pastor es dulce, apacible, que cuida a sus ovejas y que las hará recostar en verdes praderas. Estas personas están en lo cierto. Así es el Buen Pastor. Pero alcanzar esas praderas costará esfuerzo. Para alcanzarlas primero hay que seguir al Señor en este mundo con fidelidad, a la vez preparándonos para el Último Juicio, dejando el pecado y siguiendo los mandamientos.

En la Primera Lectura el profeta Ezequiel dice que el Buen Pastor, Nuestro Señor, buscará a las ovejas perdidas, curará a las enfermas y vendará a las heridas pero también juzgará, "entre oveja y oveja, entre carnero y macho cabrío". Ezequiel usa este ejemplo para explicar que los que han sido fieles a Dios y han sufrido, por Él, persecuciones y vejaciones, serán salvados. Los que rehusaron seguir a Cristo y se impusieron a Él, serán condenados.

En la Segunda Lectura, dice San Pablo, "Hermanos, Cristo ha resucitado". Y con su muerte y resurrección, nos liberó del pecado. El Apóstol nos está diciendo que Cristo ya nos dio la oportunidad de salvarnos. Después, desde que tenemos uso de razón hasta que morimos, la salvación corre de nuestra cuenta. Cristo nos deja elegir entre el bien y el mal. Cuando llegue el Último Juicio, la persona que le ha sido fiel se salvará. Él que ha rehusado serle fiel, ya estará condenado.

Our Lord Jesus Christ, King of the Universe
Cycle A

Readings: 1) Ezekiel 34:11-12, 15-17 2) 1 Corinthians 15:20-26, 28 3) Matthew 25:31-46

Today we celebrate the Solemnity of Our Lord, Jesus Christ, King of the Universe, a great day for our Church. In the Gospel Reading we hear Jesus tell his disciples that one day the Son of Man will come and all of his angels with him. He will sit on the throne in all his glory and all of the nations will be gathered together before him.

Jesus Christ, besides being the King of the Universe, is also the Shepherd of his flock, who are all of the members of the Church. Some people do not like to mention that Christ is, at the same time, King and Shepherd because they do not like to hear this. Some even think, "Who is going to believe that?" We believe it, through our faith. Because of our faith we understand, without doubting, that the Kingdom of Christ is a kingdom of justice and of truth and that he, as Shepherd, takes care of his sheep. We cannot compare the kingdoms of this world to the Kingdom of Christ the King. When Christ, at his second and final coming, appears in all of his glory and sits on his throne, the kingdoms of this earth will no longer exist. Injustice will have ended. All of humanity will be judged. Some will receive eternal punishment. Others will have gained eternal life.

The Gospel Reading today is perfect for serious and prolonged meditation. Saint Matthew describes how the Last Judgment will be. The King of Kings, in all his majesty, is also the shepherd of the flock that is the Church. He will separate the sheep from the goats. As Sovereign King of heaven and earth, he will place some on his right and others on his left. Those who followed him faithfully will be on his right and they will have the joy of hearing, "Come to me, blessed of my Father; inherit the Kingdom prepared for you since the creation of the world." Those on his left are those who have died in sin without repenting. They will be sorry to hear, "Go away from me, evil ones, go to the eternal fire prepared for the devil and his angels." After hearing this Gospel Reading, Is there any Christian who can continue to sin without deciding to repent?

In the New Testament, the Lord frequently describes himself as the Shepherd of the flock. There are people, and not only one but many, who think of the Good Shepherd as being someone who is sweet, kind, who takes care of his sheep and has them lie down in verdant pastures. These people are right. That is how the Good Shepherd is. But getting to those pastures takes an effort. To get to them first of all we have to follow the Lord in an unfaithful world, at the same time as we prepare ourselves for the Last Judgment, turning away from sin and following the commandments.

In the First Reading, the prophet Ezekiel says that the Good Shepherd, Our Lord, will seek out the lost sheep, cure them of their illnesses and bind up their wounds but he will also judge, "between one sheep and another, between rams and goats." Ezekiel uses this example to explain that those who have been faithful to God and have suffered, for Him, persecution and sorrow, will be saved. Those who have refused to follow Christ and confronted him will be condemned.

In the Second Reading, Saint Paul says, "Brothers, Christ has risen." And by his death and resurrection, he freed us from sin. The Apostle is telling us that Christ has already given us an opportunity to be saved. From then on, from the time we reach the age of reason until our death, salvation depends on us. Christ allows us to choose between good and evil. At the Last Judgment those who have been faithful will be saved. Those who refused to be faithful will already have been condemned.

www.ingramcontent.com/pod-product-compliance
Lightning Source LLC
LaVergne TN
LVHW061312060426
835507LV00019B/2126